www.ingramcontent.com/pod-product-compliance
Lightning Source LLC
LaVergne TN
LVHW010417070526
838199LV00064B/5325
* 9 7 8 9 3 5 8 7 2 0 1 9 8 *

یادوں کے چاند ستارے

(سفرنامہٴ پاکستان)

مصنف:

رفعت سروش

© Taemeer Publications

Yaadon ke chaand sitarey *(Travelogue)*

by: Rifat Sarosh

Edition: May '2023

Publisher& Printer:

Taemeer Publications, Hyderabad.

ISBN 978-93-5872-019-8

9 789358 720198

مصنف یا ناشر کی پیشگی اجازت کے بغیر اس کتاب کا کوئی بھی حصہ کسی بھی شکل میں بشمول ویب سائٹ پر اَپ لوڈنگ کے لیے استعمال نہ کیا جائے۔ نیز اس کتاب پر کسی بھی قسم کے تنازعکو نمٹانے کا اختیار صرف حیدرآباد (تلنگانہ) کی عدلیہ کو ہو گا۔

©تعمیر پبلی کیشنز

کتاب	:	**یادوں کے چاند ستارے**
مصنف	:	**رفعت سروش**
صنف	:	سفر نامہ
ناشر	:	تعمیر پبلی کیشنز (حیدرآباد، انڈیا)
زیر اہتمام	:	تعمیر ویب ڈیولپمنٹ، حیدرآباد
سالِ اشاعت	:	۲۰۲۳ء
تعداد	:	(پرنٹ آن ڈیمانڈ)
طابع	:	تعمیر پبلی کیشنز، حیدرآباد -۲۴
صفحات	:	۴۴
سرورق ڈیزائن	:	تعمیر ویب ڈیزائن

ترتیب

(۱)	پیش لفظ (ڈاکٹر رضیہ حامد)	7
(۲)	یادوں کے چاند ستارے (رفعت سروش)	9
(۳)	روبرو (ملاقات: شبنم رومانی)	31
(۴)	کچھ دیر رفعت سروش کے ساتھ	38

(ملاقاتی: سعادت سعید، حسن رضوی، قتیل شفائی)

کچھ رفعت سروش کے بارے میں

اپنے دور کا منفرد ادیب، شاعر اور ڈرامہ نگار ۲ جنوری ۱۹۲۶ء کو نگینہ ضلع بجنور میں پیدا ہوا۔ نگینہ اور موانہ (ضلع میرٹھ) میں بچپن اور لڑکپن گزرا۔ اور جوانی بمبئی اور دہلی میں، نوعمری میں ہی شعر گوئی کا شوق پیدا ہو گیا تھا اور ۱۹۴۳ء سے آج تک ان کا تخلیقی سفر جاری ہے، اور کئی سمتوں میں غزل، نظم ڈرامہ، افسانہ، ناول، انشائیہ، انشا پردازی اور کالم نگاری، رفعت سروش کی دسترس میں لفظ کے اظہار کی تمام اصناف ہیں، اور ناقدینِ ادب نے انھیں قادر الکلام شاعر تسلیم کیا ہے اور صاحبِ طرز نثر نگار ان کی مطبوعات کی فہرست خاصی طویل ہے۔ ۷ شعری مجموعے، ۶ منظوم ڈراموں کی کتابیں، ایک ناول اور تین نثری تخلیقات۔ اور تین تراجم۔ ان کی فنکارانہ صلاحیتوں کے اعزاز میں انھیں سوویت لینڈ نہرو ایوارڈ۔ ہم سب غالب ایوارڈ۔ آغا حشر کاشمیری ایوارڈ برائے ڈرامہ، میرا کادمی ایوارڈ، دہلی اردو اکادمی کا خصوصی ایوارڈ برائے شاعری، اور مختلف اردو اکادمیوں کے دس بارہ ایوارڈ پیش کیے جا چکے ہیں اور ان کی پچاس سالہ ادبی خدمات کے اعتراف میں رسالہ فکر و آگہی، رفعت سروش نمبر شائع کر چکا ہے۔ اس ضخیم خصوصی نمبر کا ادبی حلقوں میں گرم جوشی سے استقبال کیا گیا ہے۔

رفعت سروش آل انڈیا ریڈیو کی طویل خدمت اور غالب انسٹی ٹیوٹ سے سبکدوش ہونے کے بعد اب اپنا سارا وقت تصنیف و تالیف میں گزارتے ہیں۔

پیش لفظ

یادیں زندگی کا قیمتی سرمایہ ہیں۔ یادیں تاریخ بن جاتی ہیں، یادیں تہذیب و تمدن اور انسانی رشتوں کی نشان دہی کرتی ہیں۔ "یادوں کے چاند ستارے" کچھ ایسی ہی یادوں پر مشتمل ہے جن میں خلوص رواداری، بین الاقوامی مفاہمت، رفاقت اور دوستی کے چاند ستارے جھلملا رہے ہیں اور حرف حرف میں محبت کی خوشبو بسی ہوئی ہے۔ آج جب کہ برصغیر ہند و پاک میں تشکیک، بے اعتباری اور منافرت کے بادل چھائے ہوئے ہیں، رفعت سروش کا یہ سفر نامہ ان خوبصورت رشتوں کی بازیافت ہے جو برصغیر کے عوام کے دلوں میں صدیوں سے قائم ہیں اور جن کو سیاسی حد بندیاں نہ توڑ سکی ہیں اور نہ توڑ سکتی ہیں۔ یہ رشتے صرف ادب و ثقافت اور تہذیب و تمدن کے رشتے نہیں بلکہ خون کے رشتے بھی ہیں ـــــــ ایک بہن صبیحہ اپنے بھائی احمد نبی اور دیگر رشتہ داروں سے ملنے دلّی سے کراچی جاتی ہے اور اپنے ساتھ لے جاتی ہے دور افتادہ عزیزوں اور رشتہ داروں کی محبتیں، رفاقتیں۔ وہاں حالات کے جبر کے باعث جا کر بسے ہوئے عزیز و اقارب اسے اور اس کے شوہر رفعت سروش کو آنکھوں پر بٹھاتے ہیں اور جس گرم جوشی سے ان کا استقبال کرتے ہیں اس کی شدت کو صرف وہی دل محسوس کر سکتے ہیں جو سرحد کے اس پار یا اُس پار ایک دوسرے کی یاد میں دھڑکتے ہیں۔

وقت گزر جاتا ہے اور اپنے نقشِ قدم چھوڑ جاتا ہے۔ آج صبیحہ اس دنیا میں نہیں ہیں اور نہ ان کے بھائی۔ مگر ان کی محبت اور یاد کے چاند ستارے درخشاں ہیں ـــــــ آج سے آٹھ سال پہلے رفعت سروش کا یہ سفر اگرچہ ذاتی نوعیت کا تھا، مگر۔ رفعت سروش برصغیر کے ممتاز ادیب اور شاعر بھی ہیں۔ اہلِ ادب نے ان کو ہاتھوں ہاتھ لیا، اور ان کی پذیرائی میں کوئی کسر نہ چھوڑی۔ بیس بائیس دن کراچی اور دو تین دن لاہور میں۔ مگر ان گنے چنے دنوں میں رفعت سروش نہ جانے کتنے نئے پرانے دوستوں اور شائقین سے ملے۔ روز دعوتیں، مذاکرے، مشاعرے، مباحثے، انٹرویو۔ ان کے سفر کا یہ مختصر منظر نامہ ہے جو اپنے اختصار میں واقعات کی ایک دنیا سمیٹے ہوئے ہے۔ رفعت سروش ایک تخلیقی فن کار ہیں اور ان کے اس سفر نامے میں بھی تخلیقی شان ہے، وہ اپنی تحریروں کے ذریعہ فضا آفرینی کا ایک ملکہ رکھتے

ہیں۔ ان کا یہ فن اس سفرنامے میں بھی موجود ہے۔ وہ اپنے قاری کو ہم سفر بنا لیتے ہیں۔ ایسا لگتا ہے کہ سب کچھ ہمارے سامنے گزر رہا ہے، اور ہم بھی ان کے ساتھ شریکِ محفل ہیں۔ رفعت سروش کا یہ سفرنامہ برِ صغیر کے ادیبوں، شاعروں اور دانشوروں کے خیر سگالی کے جذبات کا مظہر ہے، اور اس امر پر یقین اور پختہ ہو جاتا ہے کہ سیاست دانوں کی پیدا کردہ اس خلیج کو اگر پاٹ سکتے ہیں تو ادیب اور دانشور۔ دونوں ملکوں کے عوام کے دلوں کو جوڑ سکتے ہیں تو ٹیگور اور اقبال کے نغمے، فیض اور فراق کی غزلیں، منٹو اور بیدی کے افسانے، عصمت چغتائی اور ہاجرہ مسرور کی تحریریں اور جمیل الدین عالی اور رفعت سروش کے غنائیے۔

اس سفرنامے میں کئی ایسے ادیبوں اور شاعروں کا ذکر ہے جو اب اس دنیا میں نہیں ہیں بشمول غلام عباس راز مراد آبادی، اقبال ساجد، ملک نورانی، حکیم ظفر عسکری، پروفیسر انجم اعظمی اور خود بیگم رفعت سروش۔ نسیمہ۔ اس سفرنامے کی اشاعت مرحومین کی روحوں کو خراجِ عقیدت بھی ہے۔

پاکستان کے مختصر قیام کے دوران وہاں کے مشہور اخبارات میں رفعت سروش کے انٹرویو بھی شائع ہوئے تھے۔ ان میں سے دو انٹرویو ہمیں مل سکے جو روزنامہ "جنگ" اور "مشرق" کے شکریے کے ساتھ شائع کیے جا رہے ہیں کہ یہ بھی انھیں یادوں کا ایک حصہ ہیں۔

مجھے امید ہے کہ "یادوں کے چاند ستارے" ہند و پاک کے باہمی رشتوں کو نئی روشنی سے ہم کنار کریں گے۔

(ڈاکٹر) رضیہ حامد

دہلی، ۱۵ر جولائی سنہ ۱۹۹۰ء

یادوں کے چاند ستارے

(سفر نامہ)

ہند و پاکستان کا دل ایک ہے
کارواں دو اور منزل ایک ہے
ایک ہی چشمے کی دو نہریں ہیں یہ
ایک ہی ساگر کی دو لہریں ہیں یہ

جب یہ اشعار میں نے کئی سال پہلے کہے تھے تو اس وقت محض حُسنِ تصوّر کی کار فرمائی اور تخیّل کی جولانی اور محبّت کا ایک جذباتی اظہار تھا. لیکن اب برسوں بعد جب ۹؍ اکتوبر ۸۲ء کی ریشمیں دوپہر میں میں نے اپنی شریکِ حیات صبیحہ کے ساتھ سرزمینِ پاکستان پر قدم رکھا تو اپنے یہ اشعار بے ساختہ یاد آ گئے. وہی متوالی ہوا، وہی سبز سونا اُگلتی ہوئی مٹی، وہی کھیتوں کی ہریالی، وہی جھومتے ہوئے پیڑ، وہی کچے پکے، قدیم و جدید وضع کے پہلو بہ پہلو مکان، اور وہی محبت کی چمک آنکھوں میں بسائے ہوئے مرد و زن ۔ کسٹم افسران نے اس بات کا احساس دلایا کہ ہم ہندستان سے پاکستان آ گئے ہیں۔ ورنہ ہر قدر ِزندگی مشترک نظر آئی. اور اپنے تخیلات کا حقیقی روپ دیکھ کر میں بے حد مسرور ہوا۔ مگر اس سرور کے اظہار کا وقت کہاں تھا. مجھے لاہور سے کراچی جانا تھا. اپنی رفتار تیز تر کی، قلی، ٹکٹ، دوڑ بھاگ، رکشا، ٹیکسی اور سامنے ہی سُپر ایکسپریس سیٹی بجا رہی تھی. ہم دونوں نو وارد اپنے پردیسی پن کا احساس بھی ختم کر چکے تھے۔

گاڑی میں سوار ہوئے اور سپر ایکسپریس فراٹے بھرتی ہوئی اپنی منزلِ مقصود کی طرف روانہ ہوگئی۔ اس کی رفتار میں ہزاروں مسافروں کے دلوں کی تیز تیز دھڑکنیں شامل تھیں۔ منٹوں میں میں اور صبیحہ ہم سفروں سے ایسے گھل مل گئے۔ جیسے برسوں کے ساتھی ہوں۔ شاید برِصغیر کے علاوہ یہ بے تکلفی دنیا کے کسی ملک میں نہیں کہ ریل کے چند گھنٹوں کے سفر میں زندگی کے طویل سفر کی داستان اور حکایتیں ہم سفروں کو بے کم کاست سنادی جاتی ہیں اور ایسا ذہنی سکون حاصل ہوتا ہے جیسے غمِ زندگی کا مداوا مل گیا ہو۔

لاہور سے کراچی۔ اچھا خاصا طولانی سفر۔ مناظر بدلے، دوپہر سے شام، شام سے رات اور پھر رات سے صبح۔ راستے کی ریت نے مسافروں پر اپنا سکہ جمادیا۔ گاڑی کئی کئی گھنٹے کے بعد رکتی، اور آگے بڑھ جاتی۔ اور ۱۱ اکتوبر کی نارنجی دوپہر ہم کراچی اسٹیشن پر تھے۔ کراچی۔ خلافت تحریک کا ایک اہم مرکز۔ یہ شہر اپنے پہاڑ جیسے سینے میں سمندر کا سوز و گداز بھی رکھتا ہے۔ اس شہر کو دیکھنے کی دیرینہ خواہش تھی۔ اور اب یہ خوبصورت شہر، نظروں کے سامنے اور زیر قدم تھا۔ میں نے اپنی زندگی کے بہترین سال بمبئی میں گزارے ہیں۔ بمبئی میرے خوابوں کا گہوارہ ہے۔ مگر کراچی آتے ہی بمبئی کی یاد تازہ ہوگئی۔ وہی کشادہ سڑکیں، فراخ دل عمارتیں، پرانی سنگین عمارتیں تو ہوبہو بمبئی کے فورٹ اور فلورا فاؤنٹین کے علاقوں کی یاد دلاتی ہیں۔ لیکن آزادی کے بعد دونوں شہروں کا آزادانہ روپ رنگ اپنے اپنے انداز سے نکھرا اور سنورا ہے۔ بمبئی لمبا، لمبا، اور لمبا ہوتا جارہا ہے سمندر کو اپنے دامن میں سمیٹتا جارہا ہے۔ مگر سمندر بھی اسے اِدھر اُدھر پھیلنے کی اجازت نہیں دیتا۔ لیکن کراچی نے ہر طرف کو اپنے ہاتھ پاؤں پھیلا دیئے ہیں اور ہر سمت میں آبادکاری کی گنجائشیں پیدا کرلی ہیں۔ چند عمارتوں کو چھوڑ کر، کراچی میں زیادہ تر چار پانچ منزلوں کے مکانات ہیں جبکہ بمبئی کی پرواز زمین سے آسمان کی طرف ہے، لیکن پھر بھی دونوں شہر ایک تصویر کے دو رُخ نظر آتے ہیں۔ اقبال نے سوادِ رومۃ الکبریٰ میں دلی کو یاد کیا تھا۔ مجھے سوادِ کراچی میں عروس البلاد بمبئی کی یاد نے تڑپا دیا۔

اگرچہ ہم لوگوں کا سفر محض ذاتی تھا صبیحہ کے بہت سے قریبی رشتہ دار

پاکستان میں ہیں۔ خاص طور پر کراچی میں۔ ان سے ملنے کی آرزو ہمیں کشاں کشاں ادھر لے گئی۔ مگر کراچی پہنچنے کی میرے حلقۂ احباب اور دیدہ و نادیدہ ادیب اور شاعر دوستوں کو روزنامہ 'جنگ' کی چار سطری خبر سے یہ معلوم ہو گیا کہ میں پی۔ای۔سی۔ایچ" میں مقیم ہوں۔ بس پھر کیا تھا۔ دوستوں کے خلوص کا ٹھاٹھیں مارتا ہوا سمندر پی۔ای۔سی۔ ایچ سوسائٹی پہنچ گیا۔ اور میرے کرم فرماؤں نے مجھے محبت اور خلوص کے آبِ حیات میں نہلا دیا۔ کوئی صبح ایسی نہ تھی جو احباب کی محبت کی خوشبو کے بغیر طلوع ہوتی ہو۔ اور کوئی شام ایسی نہ تھی جب قدر دانی اور خلوص نے میرے گلے میں باہیں نہ ڈالی ہوں۔ میرے میزبان صادق بھائی اور سرور بھابی کو آخر وقت تک یہی شکایت رہی کہ ہمارے ساتھ اطمینان سے دو دن بھی نہ گزار سکے۔ حالانکہ میں پورے بائیس دن کراچی رہا، اور پورا وقت یوں گزر گیا جیسے بائیس گھنٹے یا بائیس منٹ۔

میں نے سب سے پہلے حمیرہ نعیم کو فون کیا۔ حمیرہ مجھے اپنی چھوٹی بہن کی طرح عزیز ہے۔ بلکہ اس سے بھی زیادہ۔ کیونکہ وہ بہن ہی نہیں، بمبئی میں میرے ڈراموں کی ہر دلعزیز فنکارہ بھی رہ چکی ہے۔ بمبئی اور کراچی کی قدرِ مشترک ہے۔ حمیرہ۔ اور ہاں ممتاز بہن اور ملک بھائی بھی (مکتبہ دانیال کے مالک ملک نورانی) بمبئی کی ان بے تکلف صحبتوں کی یاد تازہ ہو گئی جب ہم سب گردشِ وقت سے بے نیاز، قہقہے لگایا کرتے تھے۔ اور اب پھر ہم سب ایک شہر میں تھے۔ حمیرہ نے اصرار کیا کہ رفعت بھیا فوراً آئیے۔ میں کئی دن سے انتظار کر رہی ہوں اور میں اور صبیحہ کلفٹن کے لیے روانہ ہو گئے۔ اور کشادہ سڑکوں سے گزرتے ہوئے جب کراچی کے ساحلی علاقے کلفٹن پہنچے تو بمبئی کی میرین ڈرائیو کی یاد تازہ ہو گئی۔ حمیرہ سراپا تبسم بنی ہم دونوں کی منتظر تھی۔ نہایت عمدہ اور سلیقے سے سجایا ہوا ڈرائنگ روم۔ گھر کا ایک ایک چپہ شائستگی کا نمونہ۔ اور ایک نہایت شائستہ نادیدہ خاتون۔ حمیرہ نے کہا رفعت بھیا! یہ ہیں انتا غلام علی۔ میں نے آداب کیا، اور انتا نے جس طرح جواب دیا اس کا مطلب یہ تھا کہ غائبانہ طور پر مجھے جانتی ہیں۔ اور انتا کو تو کون نہیں جانتا۔ ایک عرصہ تک ریڈیو پاکستان

سے انگریزی میں خبریں پڑھتی رہی ہیں، اور میں ان کی شائستہ آواز اور لب و لہجہ کی بہت پہلے حمیرہ سے تعریف کر چکا تھا۔ اب مل کر اور بھی متاثر ہوا۔ اور یہ تو مجھے بعد میں معلوم ہوا کہ انتا غلام علی ایک باکمال مقرر، ایک مشہور دانشور، مفکر، مبصر اور لیڈر ہیں۔ ایک بے باک اور حق گو خاتون ہیں۔ آل پاکستان ٹیچرز ایسوسی ایشن کی صدر ہیں اور ان کی آواز۔ آوازِ حق کا درجہ رکھتی ہے۔ اور لطف کی بات یہ ہے کہ اس لیڈرانہ شان کے باوجود ان میں تصنع نہیں۔ نہایت عمدہ ذوقِ جمال رکھتی ہیں اور لطافت و شائستگی کا پیکر ہیں۔

انتا غلام علی نے پاکستان ٹیچرز ایسوسی ایشن کی طرف سے مجھے ایک جلسہ کو خطاب کرنے کی دعوت دی اور کراچی کی مشہور درسگاہ سر سید گرلز کالج میں اس کا اہتمام کیا گیا۔ اور گویا ادبی سرگرمیوں کا سلسلہ شروع ہو گیا۔ ۱۸ اکتوبر کی پُر بہار شام سر سید گرلز کالج کا ہال اہلِ علم سے بھرا ہوا تھا۔ میں اور صبیحہ ذرا تاخیر سے پہنچے۔ ہارون رشید صاحب اور رئیس احمد رئیس کے چہروں پر تشویش کے آثار نمایاں ہو چکے تھے کہ وہ منتظمین میں سے تھے۔ مجھے اس جلسہ میں اپنے دیرینہ دوست رضی الرحمٰن سے مل کر بہت ہی خوشی ہوئی۔ ان سے چالیس سال بعد ملاقات ہوئی تھی۔ کبھی ہم دہلی میں ملا کرتے تھے۔ اور اب وہ کراچی میں محکمۂ تعلیم کے ایڈیشنل سکریٹری ہیں۔ ہارون رشید صاحب نے میرا رسمی تعارف کرایا اور اس کے بعد مجھے اپنا کلام سنانے کے لیے کہا گیا۔ میں نے اپنی زندگی کے چالیس سالہ سفر کی مختصر روداد بیان کرنے کی سعی کی اور کہا کہ میری ادبی کاوشیں کسی تحریک یا پارٹی کی رہینِ منت نہیں ہیں۔ بلکہ میں نے نگینہ، دہلی اور بمبئی میں مختلف اثرات قبول کیے ہیں۔ اور مقدور بھر تمام محاسن کو جذب کرنے کی کوشش کی ہے۔ اور زندگی اور شاعری کو ہم آہنگ کیا ہے۔ میں نے اس جلسے میں غزلوں کے علاوہ اپنی کچھ مختصر نظمیں بھی سنائیں اور خاص طور پر وہ نظمیں جو میرے ادبی نظریات کی حامل ہیں۔ مثلاً "شاعرِ انقلاب" اور "ایک عورت کا افسانہ"۔ اور اہلِ علم کی پذیرائی سے میری خود اعتمادی میں اضافہ ہوا۔ اس محفل میں میرے نظریات اور ہندوستانی ادبیات کے بارے میں بہت سے اہم سوالات بھی کیے گئے اور میں نے گذارش کی

کہ اردو ہمارے ملک کی مقبول ترین زبانوں میں سے ہے۔ بالخصوص غزل اپنی ہیئت کے اعتبار سے نہ صرف اردو، بلکہ ہندی، پنجابی اور گجراتی وغیرہ دیگر زبانوں میں بھی بحیثیت ایک صنفِ سخن مقبول ہے۔ میں ادب میں آفاقیت کا قائل ہوں اور سمجھتا ہوں کہ آفاقی نظریہ، وطنیت کی نفی نہیں کرتا، بلکہ جذبۂ وطنیت کو نئی وسعتیں بخشتا ہے۔

مجموعی طور پر سرسید گرلز کالج کی وہ شام ایک یادگار شام کی حیثیت رکھتی ہے۔ کالج کی پرنسپل محترمہ سلمیٰ زمن نے کالج کا ایک خوبصورت مجلّہ عنایت فرمایا اور ہارون رشید نے ٹیچرز ایسوسی ایشن کی طرف سے ایک خوبصورت تحفہ جو اُن کے خلوص کی یادگار ہے۔

کراچی خلوص اور محبت کا شہر ہے۔ علم و فضل کی قدر دانی اور رفاقتوں کی فراوانی کا شہر ہے۔ شکر ہے کہ مجھے سرکاری یا نیم سرکاری مصلحتوں میں لپٹی ہوئی ضیافتوں سے سابقہ نہیں پڑا اور حد یہ ہے کہ میں ریڈیو اور ٹیلی ویژن کے دفاتر تک بھی نہیں گیا۔ اس لیے میں یہ بات اور وثوق سے کہہ سکتا ہوں کہ وہاں کے عوام ادیب، شاعر اور ادب و ثقافت سے دلچسپی رکھنے والے لوگ خلوصِ دل سے ہندستان کے دوست ہیں اور ان کے نزدیک ع

ہند و پاکستان کا دل ایک ہے

جیسے ہی ڈاکٹر فرمان فتح پوری اور ڈاکٹر اسلم فرخی کو خبر ہوئی کہ میں کراچی آیا ہوں، دونوں حضرات نے اپنی مصروفیتوں کے باوجود میرا پُر تپاک خیر مقدم کیا۔ فرمان صاحب نے کراچی یونیورسٹی کے شعبۂ اردو میں ایک خصوصی نشست کا اہتمام کیا۔ کراچی یونیورسٹی شہر سے دور نہایت کشادہ علاقے میں واقع ہے۔ میں اور صبیحہ تقریباً گیارہ بجے یونیورسٹی پہنچے۔ اردو ڈپارٹمنٹ میں ممتاز شخصیتیں موجود تھیں جنھوں نے نہایت ذوق و شوق سے میری نظمیں سنیں اور داد و تحسین سے نوازا۔ فرمان صاحب سے تو یہاں دہلی میں اکثر ملاقاتیں رہتی ہیں اور میں ان دونوں

عالموں کے خلوص کا گرویدہ ہوں۔ وہاں سحر انصاری، ابوالبرکات اور جمیل صاحب سے بھی ملاقات ہوئی۔ سحر شاعر بھی ہیں اور نقاد بھی۔ جمیل صاحب باغ و بہار آدمی ہیں۔ ان کا اندازِ گفتگو نہایت بے تکلف اور شوخ ہے۔ ڈاکٹر وقار حسن سے مل کر بہت مسرت ہوئی، وہ چند سال پہلے تک دہلی ہی میں تھے اور اب کراچی یونیورسٹی میں شعبۂ ہندی کے سربراہ ہیں۔ پروفیسر ریاض الاسلام سے چالیس سال بعد ملاقات ہوئی۔ وہ اپنے آپ میں کھوئے ہوئے نہایت بلیغ فطرت انسان ہیں۔ تاریخ داں ہیں اور یونیورسٹی میں پروفیسر ایمرٹس ہیں۔ اس محفل میں دیر تک تبادلۂ خیال اور سننے سنانے کا لطف رہا۔

یونیورسٹی کیمپس میں ایک اور خوبصورت شام ڈاکٹر اسلم فرخی کے مکان پر گزری۔ ڈاکٹر صاحب نے نہایت پُر تکلف دعوت اور نہایت شائستہ صاحبِ ذوق حضرات سے ملانے کا اہتمام کیا تھا۔ اور ان کے مکان کے دلفریب سبزہ زار پر خنک ہواؤں کے لطیف جھونکوں نے اس شام کو اور حسین بنا دیا تھا۔ کئی شاعروں کو سُنا اور تازگیٔ کلام کا لطف اٹھایا۔ رضا ہمدانی، جمیل نظر، تشنہ، سحر انصاری اور خود ڈاکٹر فرخی۔ سب نے نہایت عمدہ اشعار سنائے اور مجھے تو کئی غزلیں اور نظمیں سنانی پڑیں۔ مصباح انصاری نہایت نستعلیق آدمی، نہایت عمدہ ادبی ذوق رکھتے ہیں۔ جدہ میں رہتے ہیں ان دنوں کراچی آئے ہوئے تھے اور ازراہِ نوازش اس محفل میں تشریف لائے تھے۔

کراچی میں مختلف شہروں اور قصبوں سے گئے ہوئے لوگ الگ پہچانے جاتے ہیں۔ ان کی وہی بود و باش ہے، وہی مخصوص رنگ و آہنگ ہے اور وہی شعر و شاعری کا شوق ہے۔ آج بھی اس مٹی کی مہک ان کے اشعار اور گفتار میں بسی ہوئی ہے جس سے ان کا آبائی تعلق ہے۔ ایک عجیب کسک اور چبھن ہے ان کے کلام میں جیسے کچھ کھو چکے ہیں اور کچھ تلاش کر رہے ہیں، عجیب اضطراری اور سیمابی کیفیت ـــ اس کیفیت کا احساس میں نے مختلف ادبی محفلوں میں کیا ؎

اس مٹی کا کس مٹی سے رشتہ ہے معلوم تو ہو

کتبے پر یہ بھی لکھیے، یہ لوگ کہاں سے آئے ہیں
بے رنگ تمناؤں کا منظر نہیں بدلا
دیوار تو بدلی ہے مگر در نہیں بدلا

یہ حساس ادیب اور شاعر، جن میں بہت مشہور لوگ شامل نہیں ہیں۔ اپنی افتادِ طبع سے مجبور ہیں اور شعر گوئی انہیں نفسیاتی سکون عطا کرتی ہے۔ مجھے ناظم آباد، کورنگی، گلشن اقبال، اور جہاں جہاں شعری نشستوں میں شرکت کا اتفاق ہوا، میں نے محسوس کیا کہ کراچی کے ان شعرا کا ایک خاص رنگ ہے۔ وہ مصلحتِ وقت سے بے نیاز ہیں اور اپنے دل کی آواز کو اشعار کا روپ دیتے ہیں۔

ناظم آباد میں میرے ایک نادیدہ کرم فرما ایوب پیام نے ایک نشست کا اہتمام کیا جس کی صدارت روزنامہ جنگ کے مشہور کالم نویس جناب انعام درانی نے کی۔ درانی صاحب میرٹھ کے قدیم باشندے ہیں اور جنگِ آزادی کے دنوں میں بھی سرگرمِ عمل رہے ہیں۔ اس محفل میں ایوب پیام، اصغر مہدی نظمی، رضی، صبا فاضلی، غوث متھراوی اور دیگر حضرات کو سنا۔ اور ان لوگوں نے مجھے جی بھر کر سنا۔ ایسی ادبی نشستوں کی افادیت ان مشاعروں سے کہیں زیادہ ہے، جہاں شعرائے کرام، کج ذہن سامعین کی واویلا سے بچنے کی خاطر اپنا گھٹیا کلام گھسیٹ دیتے ہیں۔ اور اس طرح اپنا چہرہ مسخ کرتے ہیں، اور شاعری کا بھی۔

ناظم آباد ہی میں "بزمِ کہکشاں" کی طرف سے مجھے مشہور شاعر منظر ایوبی نے دعوت دی اور نہایت پُرتکلف ڈنر کا اہتمام کیا۔ شرکائے بزم کے اعتبار سے یہ محفل ایک بڑے مشاعرے کی حیثیت رکھتی تھی اور نوعیت کے اعتبار سے ایک نہایت باوقار محفل۔ اس بزم میں میرے علاوہ پچیس شعرائے اپنا کلام سنایا۔ اور ان شعرا میں ایسے شعرا بھی شامل تھے جن سے دوبارہ ملنے کی خواہش لے کر میں دہلی سے کراچی گیا تھا اور جو دنیائے ادب کی آبرو ہیں۔ تابش دہلوی نے اس مشاعرے کی صدارت فرمائی۔ تابش صاحب اب ریڈیو سے دست بردار ہو چکے ہیں اور ریٹائرڈ زندگی گزار

رہے ہیں۔ ان کے کلام میں اور زیادہ پختگی اور گہرائی آگئی ہے۔ تابش دہلوی ان غزل گو شعرا میں سے ہیں جنھوں نے فانی بدایونی کے رنگِ سخن سے استفادہ کیا۔ اور ان کا سوز و گداز میں ڈوبا ہوا لہجہ، خالص ان کا اپنا ہے۔ بزمِ کہکشاں کے مستقل صدر جناب راز مرادآبادی بھی حسنِ اتفاق سے ان دنوں کراچی تھے۔ راز مرادآبادی اردو غزل کی دنیا میں ایک ایسا مقام رکھتے ہیں جو صرف ان کے لیے مخصوص ہے۔ جگر صاحب کے چہیتے شاگرد — سب سے پہلے میں نے ۱۹۴۲ء میں انھیں نگینہ میں سنا تھا۔ ؎

حسن کی بارگاہ میں جھوم کے راز پڑھ غزل
فکرِ رسا کے ساتھ ساتھ تربیتِ جگر بھی ہے

اور اب بھی ان کے کلام و بیان کا وہی عالم نظر آیا۔ راز مجسم زندگی ہیں علی گڑھ مسلم یونیورسٹی ہو یا آل انڈیا ریڈیو دہلی، ان کی زندہ دلی کی داستانیں آج بھی جوان ہیں۔ ۱۹۴۶ء میں بمبئی کی ملاقات کے بعد اب ۲۲ اکتوبر ۱۹۸۲ء کو ملے مگر اسی طرح بے ساختگی اور بے پایاں خلوص سے — ریڈیو پاکستان اور بی بی سی کی منزلیں سر کرنے کے بعد اب وہ بھی ملازمت سے سبکدوش ہو چکے ہیں۔ مگر اسی طرح توانا ہیں۔ فاروق محشر بدایونی اور نظر امروہوی سے بھی ۱۹۴۵ء کے بعد اس محفلِ شعر و سخن میں ملاقات ہوئی۔ محشر صاحب نے ایک عمدہ اور بھرپور نظم سے نوازا اور نظر نے اپنے خاص رنگ میں ڈوب کر غزل سنائی — اس محفلِ سخن میں بہت سے نوعمر شعرا کا کلام سننے کا موقع ملا اور محسوس ہوا کہ جدید غزل کتنی توانا ہے۔ کیا بہ لحاظ زبان و بیان، اور کیا بہ لحاظ فکر و موضوع — کچھ شعرا نے تو اتنی عمدہ غزلیں سنائیں کہ آج تک میں ان کا لطف محسوس کرتا ہوں — احمد رئیس کو بھی ایک عرصہ بعد اس محفل میں سنا۔ ان کی غزل بھی چمک گئی ہے، سنور گئی ہے — شہاب الدین شہاب، اختر لکھنوی، انجم شادانی، رضوان عنایتی، رحمان خاور غرض نام گنانے کی ضرورت نہیں۔ اس محفلِ شعر میں ایک سے ایک عمدہ شاعر کا کلام سننے کا موقع ملا اور اس پر مستزاد لذیز کھانا۔

اسی طرح ایک شعری نشست کا اہتمام کراچی کے نواحی علاقے کورنگی میں

وہاں کے ولولہ انگیز شاعر صہبا اختر نے کیا. دس بارہ شاعروں نے اپنا کلام سنایا منجملہ اور لوگوں کے ایک بہت پرانے دوست اور خواجہ شفیع کی مٹیا محل (دتی) والی اردو مجلس کے ساتھی جوہر سعیدی سے ملاقات ہوئی. وہ بسمل سعیدی کے شاگرد ہیں. دیر تک دہلی کی پرانی محلوں کی باتیں ہوتی رہیں. وہ شام بھی خالص ادبی شام تھی. جسے صہبا اختر کے خلوص نے مجھ ناچیز کے نام آراستہ کیا تھا.

کراچی سے واپس آکر اب میں دہلی میں بیٹھا وہاں کی محفلوں کو یاد کرتا ہوں تو ایک گونہ فخر و مسرت کا احساس ہوتا ہے اس روشن شہر میں بیس بائیس دن یوں گزر گئے کہ پتہ ہی نہ چلا۔ دوستوں اور کرم فرماؤں کی نوازشوں کے مقابلے میں مجھے اپنی تہی دامنی کا احساس ہوا۔

میرے دیرینہ دوست اور ہندستان میں پاکستانی سفارت خانے کے پریس منسٹر حسن عسکری نے نورالحسن جعفری کو میرے کراچی پہنچنے کی اطلاع دے دی تھی جعفری سے میری ملاقات نہیں تھی. ہاں ان کی شاعرہ بیگم ادا جعفری کو ایک عرصہ سے غائبانہ طور پر جانتا ہوں. مگر ادا ان دنوں کراچی نہیں تھیں. جعفری اور مشہور ادیب و محقق مشفق خواجہ میرے گھر تشریف لائے اور دیر تک اِدھر اُدھر کی باتیں ہوتی رہیں اور ۲۱ اکتوبر کو جمیل جالبی کے مکان پر ملنے کا پروگرام طے ہوا. اور اس شام اپنی بیگم کے ساتھ میں جعفری صاحب کے ہمراہ جمیل جالبی صاحب کے دولت کدے پر پہنچا. جو صحیح معنوں میں دولت خانہ معلوم ہوتا ہے. اس مخصوص محفل میں کراچی کے کئی مقتدر ادیب اور دانشور جمع تھے. جمیل جالبی، شان الحق حقی اور ابن الحسن سے تو دہلی میں ملاقات ہو چکی تھی۔ ان سے تجدید ملاقات کا لطف رہا. ہاجرہ مسرور اور ان کے شوہر اور 'ڈان' کے ایڈیٹر احمد علی خاں سے ۱۹۴۶ء کی بمبئی کی ملاقاتوں کی یادیں تازہ ہو گئیں. مشہور افسانہ نگار خاتون رضیہ فصیح الدین احمد، اور ان کے شوہر سے پہلی بار ملاقات ہوئی. رضیہ بہت شائستہ اور خوش گفتار خاتون ہیں. وہ ہندستانی ادیبوں کے بارے میں باتیں کرتی رہیں۔ خاص طور پر امرتا پریتم کے بارے میں. امرتا کافی دیر تک موضوعِ گفتگو بنی رہیں. مختار

زمن صاحب سے بھی اسی محفل میں پہلی بار ملاقات ہوئی۔ ان کا آبائی وطن کرت پور (ضلع بجنور) ہے۔ اس نسبت نے مجھے ان کے اور قریب تر کردیا۔ جمیل جالبی کی اس محفل میں ایک دلچسپ شخصیت تھی افتخار احمد عدنی کی۔ عدنی صاحب صحافی بھی ہیں اور میرٹھ ان کا آبائی وطن ہے۔ اتفاق سے وہ ایک ماہ میرٹھ رہ کر لوٹے تھے۔ انہوں نے نہایت تفصیل سے میرٹھ کے متعلق اپنے تاثرات بیان کیے اور ایک فکاہیہ بھی سنایا جس میں کسی "نکٹے جن" یا "آوارہ روح" کا قصہ تھا۔ یہ فکاہیہ اسی محفل کے لیے لکھا گیا تھا۔

جمیل الدین عالی کی شرکت متوقع تھی، مگر وہ کینیڈا میں تھے۔ اس لیے ان کی اور طیبہ عالی کی غیر موجودگی بُری طرح محسوس کی جارہی تھی، لیکن عدنی صاحب کے فکاہیہ میں ان دونوں کے دلچسپ ذکر نے ان کی کمی کو کسی حد تک پورا کردیا تھا۔ عدنی صاحب کا انداز، ایک خوش باش صحافی کا انداز تھا اور سب بے حد محظوظ ہوئے ۔۔ اس محفل میں بھی مجھے مہمانِ خصوصی کی کرسی پر بٹھادیا گیا تھا۔ میں نے کئی نظمیں اور غزلیں سنائیں اور وہ شام ایک چمکتی یاد کی طرح میرے ذہن کے نگار خانے میں محفوظ ہوگئی۔

کراچی کی ادبی اور صحافتی زندگی میں سلطانہ مہر اپنا ایک خاص مقام رکھتی ہیں، ان سے دہلی میں بہت سی ملاقاتیں ہو چکی تھیں۔ جب انہیں ہم دونوں کی آمد کی خبر ملی تو بہت خوش ہوئیں، اور ایک پُرتکلف محفل کا اہتمام کیا۔ گلشن اقبال میں ان کا خوبصورت فلیٹ ماہنامہ "روپ" کا دفتر بھی ہے۔ اس شام ان کے مکان پر کئی مقتدر ادیبوں اور شاعروں سے ملاقات ہوئی۔ سلطانہ مہر نے پورے جلسے کی کارروائی ٹیپ ریکارڈ کرنے کا اہتمام کیا تھا۔ اس محفل میں کچھ اور نئے لوگوں سے ملاقات ہوئی۔ شبنم رومانی معروف شاعر ہیں۔ ایک عرصے سے ان سے غائبانہ تعارف حاصل تھا۔ اب ان کا کلام سن کر بے حد مسرت ہوئی۔ سلطانہ مہر، شان الحق حقی، راغب مرادآبادی، صہبا اختر، نسیم صاحبہ، منظر خاں، شبنم رومانی، سید مظفر حسین ضیا، سب نے اپنا کلام سنایا۔ مجھ سے کہا گیا کہ میں اپنے فن کے بارے میں بھی کچھ عرض کروں، چنانچہ میں نے اپنے نظریات کی بھی وضاحت کی، اپنے تخلیقی سفر کا جائزہ پیش کیا، اور کئی نظمیں اور غزلیں سنائیں

اس محفل میں شعرا کے علاوہ صاحبِ ذوق سامعین کی بھی خاصی تعداد تھی۔ نوجوان افسانہ نگار اور نقاد۔ انیس صدیقی سے بھی یہیں ملاقات ہوئی اور ادب و فن کے بہت سے پہلوؤں پر گفتگو آئے۔ سلطانہ مہر نے جس خلوص وانہماک اور سلیقے سے اس ادبی نشست کا اہتمام کیا تھا، میں اس سے بہت متاثر ہوا۔ ایسے مخلص اور قدر دان ہوں تو آدمی شاعری کیوں نہ کرے۔

سید مظفر حسین ضیاؔ ہیں تو کسٹم آفیسر، مگر صاحبِ ذوق بھی ہیں اور صاحبِ کمال بھی اور جب یہ معلوم ہوا کہ وہ میرٹھ کے ہی رہنے والے ہیں اور ان کا آبائی گھر میری سسرال کے پڑوس میں ہے تو ان سے قربت ہو جانا قدرتی بات تھی۔ چنانچہ ایک سنہری دوپہر ان کے نام لکھ دی گئی۔ انہوں نے ضیافت میں بڑی فراخدلی سے کام لیا۔ لذیذ کھانا اور بلیغ اشعار۔ ان کے گھر دو اور نئے شاعروں سے ملاقات ہوئی۔ ناصر کاسگنجوی اور بیگم اختر بیگانہ۔ اور اختر بیگانہ کی چھوٹی بہن ثریا میری بیوی کی ہم سبق نکلیں، خوب کھل کر باتیں ہوئیں۔ یہ احساس ہی مٹ گیا کہ ہم کراچی میں ہیں یا میرٹھ میں؟

شبنمؔ رومانی کو بحیثیت شاعر میں ایک عرصہ سے جانتا ہوں ان کا کلام مختلف رسائل میں پڑھا ہے۔ سلطانہ مہر کے مکان پر ان سے مل کر بہت لطف آیا نہایت سلجھا ہوا شعری مذاق اور نہایت خوش طبع انسان۔ میں نے ان سے دوبارہ ملاقات کا وعدہ کیا۔ اور تیسرے دن شبنمؔ رومانی صاحب میرے گھر تشریف لائے مع ایک ٹیپ ریکارڈ اور فوٹو گرافر کے۔ ایک ڈیڑھ گھنٹہ تک ان سے بات چیت ہوتی رہی۔ میرے نزدیک تو وہ غیر رسمی بات چیت تھی، مگر انہوں نے ایک ایک لفظ صدا بند کر لیا اور گویا ہفتہ وار 'مشرق' کے لیے بھرپور انٹرویو لے لیا۔ ایسے ایسے چبھتے ہوئے سوال کیے کہ لطف آ گیا۔

کراچی روشنیوں کا شہر ہے۔ چوڑی سڑکوں، کشادہ عمارتوں اور شاندار ہوٹلوں کا شہر ہے۔ ثقافتی اور تہذیبی رنگارنگی اور گہماگہمی کا شہر ہے۔ ۱۴، اکتوبر کو ہوٹل اِنٹر کونٹی نینٹل میں "شام ہمدرد" منائی گئی۔ یہ شاندار پروگرام ہمدرد دواخانہ (پاکستان) کے سربراہ حکیم محمد سعید کی طرف سے ترتیب دیا گیا تھا۔ ایک محدود قسم کا سمینار تھا۔

یعنی ایسا پروگرام جس کے مقالہ نگار اور مقررین پہلے سے طے تھے۔ اور ان چند مخصوص لوگوں کے علاوہ جو ڈائز پر کرسیوں پر بٹھا دیئے گئے تھے۔ کسی اور شخص نے اپنے خیالات کا اظہار نہیں کیا۔ ڈائز پر آدھی کرسیاں خالی تھیں کیونکہ کچھ طے شدہ لوگ غیر حاضر تھے۔ موضوع تھا 'ادب اور اخلاق' حکیم محمد سعید نے موضوع کا تعارف کرایا۔ اور پھر حامد عزیز مدنی نے ایک پُر مغز مقالہ پڑھا۔ محترمہ وحیدہ نسیم نے اس موضوع پر ہلکے پھلکے انداز میں مقالہ پڑھا اور محفل میں تبسم اور کبھی کبھی قہقہے جاگے۔ پھر پروفیسر انجم اعظمی، پروفیسر فائق، پروفیسر فرمان فتحپوری اور آخر میں صدر جلسہ پروفیسر کرار حسین نے تقریریں کیں۔ اور جلسہ بخیر و خوبی ہال میں اختتام پذیر ہو کر ہوٹل کے کاری ڈور میں منتقل ہو گیا۔ ہم جیسے لوگ جو ادب میں ترسیل و ابلاغ کے قائل ہیں اور اس کے افادی پہلوؤں پر بھی زور دیتے ہیں۔ بنیادی طور پر اس امر سے اختلاف نہیں کر سکتے کہ ادب کا ایک کام معاشرے اور اخلاق کی اصلاح بھی ہے۔ اس اعتبار سے یہ سمینار مفید تھا۔ مگر ایک بات میرے ذہن میں کھٹکتی رہی کہ ڈاکٹر فرمان فتحپوری نے یہ کیوں کر کہہ دیا کہ پاکستانی اور ہندوستانی ادب کی فوراً پہچان ہو جاتی ہے۔ میری ناچیز رائے میں کم از کم اردو ادب کے لیے یہ کہنا شاید صحیح نہیں ہے۔ بالخصوص جدید شاعری اور افسانہ اس لیبل کے بغیر کہ وہ پاکستانی ہے یا ہندوستانی۔ اردو کا شعر اور اردو کا افسانہ ہے۔۔ اور ہم ادیبوں کے نزدیک یہ ایک قدرِ مشترک ہے جو باہمی دوستی کے راستے استوار کرتی ہے ؎

ہند و پاکستان کا دل ایک ہے
کارواں دو اور منزل ایک ہے

۲۰ اکتوبر کو ہوٹل جبیس میں صبا پبلی کیشنز کی طرف سے منعقد کیے گئے ایک سمینار میں شرکت کا اتفاق ہوا۔ یہ سمینار اردو افسانے کے بارے میں تھا۔ اور اس میں صرف افسانہ نگاروں اور افسانہ کے ناقدین کو اظہارِ خیال کی اجازت تھی۔ ابوالخیر کشفی اس کی نظامت کر رہے تھے اور اسلم فرخی صدارت۔ اس سمینار میں جو مقالے

پڑھے گئے ان سے ظاہر ہو رہا تھا کہ بہت جلد اور روا روی میں لکھے گئے ہیں۔ کوئی قابلِ ذکر بات اس سیمینار میں نہیں کہی گئی اور تعجب ہے کہ ایسے سیمینار کے لیے منتظمین کا یہ کہنا کہ پاکستان میں یہ پہلی کوشش ہے۔ مجھے خیال آیا کہ ہمارے یہاں دہلی میں اردو افسانے پر نہایت کامیاب سیمینار ہو چکا ہے۔ بہرحال اس سیمینار میں شرکت کا ایک فائدہ یہ ہوا کہ بہت سے افسانہ نگاروں سے ملاقات ہوئی اور سب ٹوٹ کر ملے۔ کیپٹن انور بمبئی کا بہت پرانا دوست ملا تو لپٹ گیا۔ شہزاد منظر، اور سرشار صدیقی کھل اٹھے۔ زاہدہ حنا اور جون ایلیا سے بھی ملاقات ہوئی۔ شوکت صدیقی کو میں نے پہلی بار دیکھا۔ لکھنؤ کے بہت سے دوستوں کا ذکر رہا اور جس شخص کا نام لیتے ہوئے دل سے ہوک سی اٹھتی ہے وہ ہیں غلام عباس — غلام عباس اردو افسانہ کی قدآور نسل کے افسانہ نگاروں میں تھے۔ 'آنندی' اور "ناک کاٹنے والے" وغیرہ عظیم افسانے لکھنے والے افسانہ نگار غلام عباس آل انڈیا ریڈیو سے وابستہ تھے اور ان سے میری پہلی ملاقات ۱۹۴۶ء میں ذوالفقار بخاری کے مکان پر ہوئی تھی — یا اب ۲۰ اکتوبر ۱۹۸۲ء کو ہوٹل جبیس میں ہوئی۔ وہ خاموش اور پُرسکون بیٹھے تھے۔ بحث مباحثہ میں حصہ نہیں لے رہے تھے۔ میں نے سلام کیا۔ ۱۹۴۶ء کی ملاقات کا ذکر کیا تو انہیں سب کچھ یاد آ گیا۔ دھیمے لہجے میں باتیں کرتے رہے، اور میں ان کی قربت سے محظوظ ہوتا رہا — ان کی باتوں میں، ان کی نشست و برخاست میں، ان کے خیالات میں تھکن کے آثار قطعاً نہ تھے۔ ان کے باوقار چہرے سے ظاہر ہوتا تھا کہ وہ اپنی تخلیقات پر مطمئن ہیں اور یہ واقعہ ہے کہ پرانی نسل نے انہیں قابلِ قدر سمجھا اور آنے والی نسلوں نے ان کے سرمایۂ ادب کو وقیع گردانا۔ گویا انہیں ہر دور میں عزت و عظمت ملی۔ اس وقت مجھے یہ نہیں معلوم تھا کہ آج سے بارہ دن بعد اردو افسانے کا یہ روشن مینار اپنے ساتھ ایک درد کو لے کر موت کی آغوش میں سو جائے گا۔

۴ نومبر کو جب میں لاہور پہنچا تو اخبار میں یہ اندوہناک خبر پڑھی کہ کراچی میں ۲ نومبر کو غلام عباس اچانک حرکتِ قلب بند ہونے کی وجہ سے انتقال کر گئے۔

عظیم افسانہ نگار آخر کار افسانہ بن گیا۔

کراچی اور ماہنامہ 'افکار' لازم و ملزوم چیزیں ہیں۔ 'افکار' کے ایڈیٹر صہبا لکھنوی اپنی ذات سے ایک انجمن ہیں، ایک ادارہ ہیں، منحنی سے، مگر انتھک آدمی۔ میرے پہنچنے کی اطلاع ملی تو ایک درجن رسالے لے کر، جن میں ضخیم 'جوش نمبر' بھی شامل تھا، میری قیام گاہ پر تشریف لائے۔ پہلی بار ملاقات ہوئی۔ 'فنا فی الافکار' ہیں۔ ان کا انہماک دیکھ کر 'شاعر' کے ایڈیٹر اعجاز صدیقی کی یاد آگئی۔ دیر تک باتیں کرتے رہے۔ شیریں شکایات کہ میں نے اپنا کلام مدت سے کیوں نہیں بھیجا۔ اور دو چار دن بعد وقت نکال کر ان کے دفتر واقع رابن روڈ گیا۔ رسائل اور کتابوں کے ڈھیر میں جن کے پیچھے اپنی کرسی پر بیٹھے صہبا ایک دم کھڑے ہوگئے۔ گلے ملے، نظموں کا تقاضا کیا۔ اپنے ساتھی ادیب سہیل سے ملایا۔ اور مجھے 'مجاز نمبر' اور افکار کے کئی شمارے اور دیئے۔ صہبا اور افکار۔ دونوں کا دم اردو کے لیے غنیمت ہے۔

کراچی میں بیس بائیس دن کا قیام یادوں کا ایک جہان اپنے دامن میں لیے ہوئے ہے۔ کیا کیا لوگ ہیں جن سے ملاقاتیں ہوئیں۔ حمایت علی شاعر، اردو کا محبوب شاعر۔ حمایت حیدر آباد میں رہتے ہیں۔ اخبار میں میری آمد کی خبر پڑھی تو دوڑتے بھاگتے آئے۔ میرے ساتھ دو ڈھائی گھنٹے رہے۔ اپنی کتابیں عنایت کیں۔ پرانے دوستوں کے تذکرے ہوتے رہے۔ حیدر آباد، بمبئی، انجمن ترقی پسند مصنفین، ذوالفقار بخاری، ریڈیو، فلم، سب کچھ گفتگو کی زد میں تھا۔ حمایت آج بھی تازہ دم ہیں۔ آواز میں وہی کھنک اور لہجہ میں وہی لوچ ہے۔ اور فکر میں وہی تازہ دمی اور سرشاری۔ ایسے دوست بھی کم ہوتے ہیں۔ مسرور زیدی خلوص کا پیکر۔ دبلے پتلے، مگر زبردست قوت ارادی کے مالک، ان سے بیس بائیس سال بعد ملاقات ہوئی۔ خاموش طبیعت اور پُرسکون مزاج کے مسرور زیدی۔ صرف ایک شاعر کی حیثیت سے ہی نہیں، بلکہ ایک چھوٹے بھائی کی طرح مجھے عزیز ہیں۔ اور سچ بات تو یہ ہے کہ ان کی نیازمندی سے بعض دفعہ شرمندگی سی ہونے لگتی ہے۔ کراچی کے قیام کے دوران وہ اپنی موٹر کار لیے ہر

قدم پر میری رہبری کرتے رہے۔ راتوں کو ایک ایک بجے تک ان کا ساتھ رہا۔ اوران کے بھائی عشرت بھی ان کا ہی عکس ہیں۔ دونوں بھائیوں نے جس عقیدت و خلوص کا مظاہرہ کیا وہ اپنی مثال آپ ہے۔

سلام انصاری اوران کی بیگم عطیہ بہن سے مل کر اس قدر خوشی ہوئی جیسے اچانک ماضی واپس آگیا ہو۔ کیا دن تھے، ۱۹۴۶ء اور ۱۹۴۷ء میں سلام انصاری بمبئی ریڈیو کے لیے ہفتہ وار فیچر لکھتے تھے اور ہم لوگ عطیہ بہن کے ساتھ یہ فیچر نشر کرتے تھے۔ ایسا لگتا تھا جیسے ہم سب ایک ہی خاندان کے افراد ہیں۔ عطیہ بہن کے مزاج میں آج بھی وہی محبت اور خلوص کی فراوانی ہے۔

کراچی کے ذکر کے ساتھ یادوں کے آئینے میں بہت سے چاند ستارے جگمگا رہے ہیں ۔ وہ عزیز اور رشتہ دار جن کی محبت کشاں کشاں مجھے اور صبیحہ کو کراچی لے گئی۔ بھائی احمد نبی جن کی طویل بیماری نے انہیں اس شعر کی تفسیر بنا دیا ہے ؎

آوے ہے ترا نام تو ہنس دیوے ہے اکثر

دیوانہ ترا یوں بھی تجھے یاد کرے ہے

ان کا بیٹا سیفی، مجسم نیاز، سایہ کی طرح ہمارے ساتھ رہا۔ ماموں غفران کشور جن کی ضعیفی اور آنسوان کی بے پناہ محبت کے ترجمان ہیں۔ بھائی رضوان اقبال اور ثروت اور ماموں برہان کورنگی رہتے ہوئے بھی ان کا دل 'سوسائٹی' میں تھا۔ ایسے مخلص لوگ جو اپنی محبت کا اظہار بھی نہیں کر سکتے اور جن کے خلوص کو محسوس کیا جا سکتا ہے۔ آپا اختری اور ان کے باغ و بہار بچے جو اپنے اپنے گھروں میں خوش و خرم ہیں اور ہم دونوں کو ماموں اور مُمانی کہتے ہوئے جن کے دل خوشی سے چھلکے پڑتے تھے۔ فخر بھائی، بھائی عثمان اور ان کے لائق فخر بچے۔ محبت اور خلوص کی تصویریں۔

کیا کیا پُر بہار دن گزرے کراچی میں۔ کلفٹن اور ہاکس بے کی سیریں ــ قائداعظم کے مزار، ہل گارڈن پر چہل قدمی، طارق روڈ پر شاپنگ ــ آنکھ جھپکتے دن گزر گئے۔

۲ نومبر کی صبح آگئی۔ سفر کی تیاری، سرور نے ناشتہ تیار کیا۔ ان کے والد وقار صاحب دعاؤں کا انمول تحفہ عطا کر گئے۔ صادق کے پھول سے بچے جنید اور حارث ان کو یقین نہیں آرہا تھا کہ پھوپا اور پھوپی آج جا رہے ہیں۔ مگر وقت دبے پاؤں گزر گیا شام ہوگئی اور ہم صادق اور مسرور کے ساتھ اسٹیشن کے لیے روانہ ہوگئے۔ ہماری گاڑی کراچی کی سڑکوں کو الوداع کہہ رہی تھی۔

اسٹیشن پر تیز گام ایکسپریس تیار کھڑی تھی۔ مسرور تو ہمارے ساتھ تھے ہی، ان کے بھائی عشرت اسٹیشن پر ملے۔ اور اقبال گلزار، اور ماموں غفران آنکھوں میں الوداعی آنسو اور ہاتھوں میں پھولوں کے ہار لیے ہمارے منتظر تھے۔ حمیرا بھی آگئیں۔ ہم دونوں کو الوداع کہنے کے لیے ایک ہجوم تھا۔ اور سب کی آنکھیں پُرنم تھیں۔ آخر بے بسی کا وہ لمحہ آگیا کہ ریل گاڑی حرکت میں آگئی۔ الوداع کہنے کے لیے سب کے ہاتھ بلند ہوئے۔ اور مجھے محسوس ہوا کہ دل کا کوئی گوشہ وہیں رہ گیا ہے۔

"تیز گام" برق رفتاری کے ساتھ کراچی سے لاہور کی طرف جا رہی تھی۔ کئی کئی گھنٹے بعد سستانے کے لیے ذرا دیر رکتی ــ حیدرآباد رُکی، ہم لوگ غنودگی میں تھے کہ ٹی ٹی آئی کی آواز آئی۔ رفعت صاحب! آپ سے کوئی ملنے آیا ہے۔ میں نے پلٹ کر دیکھا تو ایک سفید ریش بزرگ ــ پہچاننے میں ذرا دیر لگی۔ یہ بھائی مبارک تھے جو محض مجھ سے ملنے سکھر سے یہاں آئے تھے۔ چالیس بیالیس سال کے بعد ملاقات ہو رہی تھی۔ خوب لپٹ کر گلے ملے۔ ان کی خوشی اور خلوص کے اظہار کے لیے میرے پاس الفاظ نہیں۔ ایک ایک عزیز کو یاد کیا۔ اور دعائیں کہلائیں۔ دلوں کی اتنی قربتیں ــ! پھر دوریاں کیسے باقی رہ سکتی ہیں۔

تیز گام پھر فراٹے بھرنے لگی۔ ۳ نومبر کی چمکیلی دوپہر گاڑی لاہور ریلوے اسٹیشن پر رُکی بھی نہ تھی کہ سہیل کی آواز آئی ــ پھوپا۔ پھوپا۔ اور ہم لوگ پلیٹ فارم پر اترے تو صبیحہ کے تائے زاد بھائی حکیم ظفر عسکری، ان کے بیٹے اور ایک اور دوست عبداللطیف بھٹی اور ان کے فرزند محمود، سب لوگ ہمیں خوش آمدید کہنے کے لیے وہاں

موجود تھے۔ سب کی محبت بھری نظروں کو اپنے دل میں چھپا کر ہم دونوں بھائی عسکری کی گاڑی میں بیٹھ گئے اور بارونق بازاروں اور تاریخی حیثیت کی حامل عمارات پر نظر ڈالتے ہوتے ہم "پانی والا تالاب" حکیم صاحب کے دولت خانہ پر پہنچ گئے۔ یہ جگہ لاہور کے قلب میں ہے اور پرانی دلی کی وضع قطع والی جگہ ہے۔ یہاں بازار مٹیا محل کی یاد آئی۔ لاہور کا مشہور تاریخی قلعہ اور شاہی مسجد بالکل قریب ہے۔

یہ تو میں پہلے ہی عرض کر چکا ہوں کہ میرا یہ سفر بالکل ذاتی تھا اور میں نے حتی المقدور کوشش کی کہ اپنے وقت کو ہنگاموں کی نذر نہ کیا جائے۔ چنانچہ کراچی سے لاہور آتے وقت بھی لاہور کے ادیبوں اور شاعروں کو اپنی آمد کی اطلاع نہیں دی تھی مگر شاعر کی نجات کہاں۔

مجھے یہ تو معلوم تھا کہ حکیم ظفر علی عسکری مشہور و معروف طبیب حکیم سید انظفر یاب علی کے صاحبزادے ہیں اور خود بہت اعلیٰ پائے کے طبیب ہیں۔ مگر یہ معلوم نہیں تھا کہ نہایت عمدہ شاعر بھی ہیں۔ اور لاہور کے علمی اور ادبی حلقوں میں بہت مقبول ہیں۔ چنانچہ انھوں نے آتے ہی خبر دی کہ کل ۴ نومبر کو شام ۵ بجے ہوٹل ۸۶، میں آپ کے اعزاز میں عصرانے کا اہتمام کیا گیا ہے۔ اور میں نے فوراً بھانپ لیا کہ یہاں بھی وہی مصروفیت رہے گی۔ میرے پاس صرف دو دن باقی تھے لاہور رہنے کے لیے۔ ۶ نومبر کو مجھے سرحد پار کر جانا تھا۔ چنانچہ میں نے اپنی رفتار اور تیز کی۔ اور ہم دونوں حکیم صاحب کے بیٹے جگنو (حسن فواد) کے ساتھ لاہور کے تاریخی مقامات کی سیر کو نکل کھڑے ہوئے کہ کل کی شام تو ہوٹل ۸۶، کے نام لکھی جا چکی تھی۔ ہم نے جہانگیر اور نور جہاں کے مزارات دیکھے۔ کچھ دیر کے لیے ذہن تاریخ کے نہاں خانوں کی سیر کرنے لگا۔ اس شہنشاہ کو اپنی ملکہ سے کتنا قرب تھا اور موت کے بعد کس قدر بُعد۔ جہانگیر کا مزار ایک مغل شہنشاہ کا مزار ہے۔ وہی روایتی شان جو اس خاندان کے شاہوں کے نام منسوب ہے — مگر نور جہاں کا مزار —! اب تو اس کے تاریخی زخم بھرنے کی کوشش کی جا رہی ہے اور جدید تعمیر کی جا رہی ہے۔ مگر پرانے نقوش بتاتے ہیں کہ وقت نے اسے خوب خوب

پامال کیا گیا ہوگا۔

لارنس گارڈن اور لاہور کے پرانے مشہور بازاروں کی سیر کرتے ہوئے جب ہم واپس گھر لوٹے تو بزرگ شاعر زیبا ناروی اور افتخار بدایونی کو منتظر پایا۔ تھوڑی دیر میں اقبال راہی اور اقبال ساجد اور نثار اکبر آبادی بھی آ گئے ۔ کیا اب بھی یہ کہنے کی ضرورت ہے کہ شعر و شاعری کا دور شروع ہو گیا۔

افتخار صاحب ۵ نومبر کی شام کی دعوت دے کر چلے گئے تو میں نے کچھ دوستوں کو فون کئے۔ قتیل شفائی اور عطاء الحق قاسمی فون پر ملے تو کھل اٹھے اور کل ۸۶، ہوٹل میں ملنے کا پروگرام طے ہوا۔ رات کو دیر تک حکیم صاحب سے باتیں ہوتی رہیں۔ انہوں نے اپنی غزلوں کے ریکارڈ سنوائے۔ اپنی ریڈیائی تقریروں کی ریکارڈنگ سنوائی اور اپنے اہم طبی نظریات بیان فرمائے۔ ان کا خیال ہے کہ انڈا کھانا صحت کے لیے مضر ہے۔ بہت سے امراض پیدا کرتا ہے۔ بہرحال کچھ بھی ہو، حکیم عسکری صاحب ہیں دلچسپ اور مزیدار آدمی۔ ان کی صحبت میں آدمی بور نہیں ہوتا۔

ہوٹل ۸۶، کے بالائی حصے میں نہایت شاندار اہتمام کیا گیا تھا اور میزوں کے اردگرد لاہور کے مقتدر ادیب، شاعر اور صحافی بیٹھے تھے۔ پچاس ساٹھ افراد کا یہ مخصوص اجتماع اپنی مثال آپ تھا۔ احمد ندیم قاسمی کی صدارت میں جلسے کی کارروائی شروع ہوئی۔ اقبال راہی نے تعارفی تقریر کی۔ حکیم ظفر عسکری نے خیر مقدمی نظم پڑھی۔ اور پھر اہلِ محفل نے اصرار کیا کہ ہم صرف مہمان خصوصی کو سننا چاہتے ہیں۔ جب صاحب صدر نے بھی اس کی تائید کی تو مجھے سمع خراشی کے لیے کھڑا ہونا پڑا۔ اس جلسے میں منیر نیازی، قتیل شفائی، امجد اسلام امجد، عطاء الحق قاسمی، قمر اجنالوی، کلیم عثمانی، انوار قمر، اقبال ساجد، نثار اکبر آبادی، افتخار بدایونی، زیبا ناروی، حسن رضوی، مسرور صابری، جمیلہ اختر اور دیگر اہلِ علم موجود تھے۔ میں نے اپنا شعری سفر نامہ پیش کیا اور شہر لاہور سے اپنی ذہنی مناسبت کا ذکر کرتے ہوئے کہا کہ میں سب سے پہلے حلقۂ اربابِ ذوق کی تحریک سے متاثر ہوا ہوں۔ اور سب سے پہلے ۱۹۴۳ء میں لاہور کے رسائل ہمایوں، ادبی دنیا،

شاہکار، اور نیرنگِ خیال وغیرہ رسائل میں چھپا۔ ترقی پسند تحریک سے قربت بعد میں ہوئی۔ لیکن میں نے ہمیشہ غوغائی ادب سے گریز کیا۔ اور اسی لیے ترقی پسند تحریک میں ضم نہیں ہو سکا۔ سردار جعفری کا اپنی کتاب 'ترقی پسند ادب' میں میرا ذکر نہ کرنا اس بات کی ایک دلیل ہے۔ مگر میں نے ترقی پسند تحریک کے صالح رجحانات کو اپنایا۔ اور ایک ترقی پسند تحریک ہی کیا۔ زندگی کی تمام اعلیٰ قدروں کو اپنایا۔ اس سے جو کچھ اخذ کیا وہی لکھا اور آج تک لکھ رہا ہوں۔

میرے بعد آنے والی نسلوں نے مجھے وقعت دی اور میں آج بھی اپنی فکر کو تازہ اور جوان محسوس کر رہا ہوں۔ میرا خیال ہے کہ کسی تحریک سے اندھا دھند وابستگی ہو سکتا ہے وقتی طور پر آدمی کو مشہور کر دے۔ مگر یہ ضروری نہیں ہے کہ وہ بڑا شاعر بھی بن جائے۔ میں نے ترقی پسند تحریک کے کھوکھلے پن کا ذکر کرتے ہوئے اپنی نظم "شاعرِ انقلاب" لاہور کے ادیبوں کو بھی سنائی جس میں خود انتقادی کی کیفیت ہے اور پھر بہت سی نظمیں اور غزلیں سنائیں۔ آخر میں صاحبِ صدر اور اردو کے مشہور اور مقتدر شاعر اور دانشور جناب احمد ندیم قاسمی نے نہایت پُر خلوص اور جامع الفاظ میں مجھ ناچیز کے کلام کی تعریف فرمائی۔ اور یہ جلسہ نہایت شگفتہ انداز میں اختتام پذیر ہوا۔

جلسے کے بعد قتیلؔ شفائی ہم دونوں کو اپنے ساتھ لے گئے اور جدید لاہور کے بارونق بازاروں کی سیر کرائی۔ 'گلشن اقبال' میں ایک نہایت شاندار باغ دیکھا اور گھومتے گھامتے قتیل کے گھر پہنچے۔ بیگم قتیل تو گھر نہیں تھیں، ان کی بیٹی سے مل کر بہت محظوظ ہوئے۔ وہ خوبصورت شام لاہور کے ادیبوں اور شاعروں کے خلوص کا نقش میرے دل و دماغ پر ثبت کر گئی۔

اگلے دن صبح ہی صبح قلعہ اور شاہی مسجد دیکھنے نکل کھڑے ہوئے۔ قلعہ تاریخی تسلسل کو پیش کرتا ہے۔ کہا جاتا ہے کہ شری رام چندر جی کے بیٹے لَو کے زمانے سے شاہانِ مغل اور اس کے بعد راجہ رنجیت سنگھ کے دور تک ۔۔۔ اس قلعہ میں

ہندوستان کی عظیم تاریخ کے نقوش موجود ہیں۔ مسجد کا شکوہ سبحان اللہ — اور اسی احاطہ میں شاعر مشرق علامہ اقبال کا سادہ مگر پُر شکوہ مزار ہے جس پر پہرہ رہتا ہے۔

پھر داتا کی درگاہ گئے اور بھیڑ کا تماشہ گھس کر دیکھا۔ شام کو افتخار صدیقی بدایونی نے اپنے گھر ایک مخصوص شعری نشست کا اہتمام کیا تھا۔ وہاں حسب معمول سنا سنایا۔ یہ محفل افتخار صاحب کے روایتی مزاج اور شعری رکھ رکھاؤ کی نمائندہ تھی۔

اور پھر رات آٹھ بجے دہلی مسلم ہوٹل میں مہاراج غلام حسین کتھک کے کمرے پر ایک ادبی نشست میں شرکت کی۔ یہ نشست اس اعتبار سے بہت اہم تھی کہ یہاں لاہور کی جدید تر نسل کے ادیب اور ناقدین جمع تھے۔ مگر کسی نے کچھ نہیں سنایا مجھ پر ہی سوالوں کی بارش کی۔ اور کلام کی فرمائش۔ ان نوجوانوں سے تبادلۂ خیال کر کے بہت لطف آیا۔ اور میں نے اپنے وہی نظریاتِ ادب پیش کیے جن کا ذکر اوپر آچکا ہے۔ اس محفل میں سراج منیر، تحسین فراقی، اجمل نیازی، حسن رضوی، اظہر غوری، اقبال سرہندی، نعیم اظہر، اور دیگر ذہین اور بیدار مغز نوجوانوں سے ملاقات ہوئی اور تبادلۂ خیال کر کے واقعی خوشی ہوئی — اور یہ شام بھی ایک یادگار شام بن گئی۔

۶ نومبر لاہور سے روانگی کا دن تھا— صبح ہی صبح تحسین کسی اخبار کے لیے انٹرویو لینے کے لیے گھر تشریف لے آئے۔ اور ان سے ایک گھنٹہ گپ شپ رہی — نہایت باشعور نوجوان ہیں اور گہرا تنقیدی شعور رکھتے ہیں۔ انہوں نے بہت سے نزاعی مسائل پر گفتگو کی۔

ریلوے اسٹیشن بارہ بجے پہنچ جانا تھا— وہاں پہنچے تو تقتیل شفائی، حسن رضوی اور ان کے چند دوست پہلے سے موجود تھے۔ مشہور شاعر اختر حسین جعفری بھی وہیں ملے۔ جو شاعر تو ہیں ہی، کسٹم آفیسر بھی ہیں۔ ان لوگوں نے ایک اور انٹرویو کی محفل سجائی۔ اور ہم کسٹم کی پریشانی سے بے نیاز ادبی موضوعات پر گفتگو کرتے رہے۔

اس دفتر کے سربراہ اشرف صاحب نے ہماری وہ تواضع کی کہ لطف آ گیا۔

اور پھر وقت نے گزرتے ہوئے جیسے میرے کان میں کہا کہ۔ میاں پاکستان سے کوچ کا لمحہ قریب تر آ گیا۔ میں نے اپنے گردو پیش پر نظر ڈالی۔ قتیل شفائی، حسن رضوی، اختر حسین جعفری، اشرف صاحب، اقبال ساجد، کاوش بٹ، اور ادھر بھائی ظفر عسکری، جگنو، سہیل، عتیق۔ سب اپنے جذبات پر قابو پانے کی کوشش کرکے مسکراتے ہوئے لبوں اور نم آنکھوں سے الوداع کہہ رہے تھے۔ ہم نے اسٹیشن کے اس حصے پر قدم رکھا جہاں سے واپسی کا راستہ شروع ہوتا ہے۔۔۔۔ اقبال ساجد اور کاوش بٹ تو ہمارے ساتھ ہی آ گئے۔ اور اس وقت تک ہمارے ساتھ رہے جب تک گاڑی نے اپنا کوچ کا پرچم نہیں لہرایا۔ اقبال ساجد کی خاموشی زبان بنی ہوئی تھی اور وہ سراپا خلوص ہی خلوص نظر آ رہے تھے۔ میں ان سے کئی بار گلے ملا۔ کیا پیارا آدمی ہے اور کیسا بانکا شاعر۔۔

تھوڑی دیر میں ہی ہم ہندوستان کی سرحد میں داخل ہو گئے۔۔ اور پاکستان کا سفر ایک زندہ و تابندہ یاد بن گیا۔۔

اور آج کئی روز بعد جب میں ان تاثرات کو رقم کر رہا ہوں تو پاکستان کی حسین یادوں کے چاند ستاروں کا ایک ہجوم میرے ذہن میں ہے۔ ہر چہرہ مسکرا رہا ہے۔ ہر آواز کانوں میں شہد گھول رہی ہے۔ ہر ذرّہ محبت سے جگمگا رہا ہے۔ کیا ان مسکراہٹوں، ان شیریں لمحوں اور محبت بھری نظروں کو کوئی قید کر سکتا ہے! نہیں۔ یہ انسانی زندگی کا موج در موج دریا ہے جسے کوئی قوت نہیں روک سکتی یہ محبت کا سمندر ہے جس کی زد میں آ کر نفرت و افتراق کی ہر دیوار خس و خاشاک کی طرح بہہ جائے گی۔۔

ہند و پاکستان کا دل ایک ہے
کارواں دو اور منزل ایک ہے

ایک ہی چشمے کی دو نہریں ہیں یہ
ایک ہی ساگر کی دو لہریں ہیں یہ

ادب اور ادیب کا کام انسانیت کے زخموں کا اندمال کرنا ہے۔
اور یہ فریضہ ادیبوں اور دانشوروں نے تاریخ کے ہر دور میں انجام دیا ہے اور آج مقدس فریضہ سے غفلت کیا معنی۔۔!!

ان کا جو فرض ہے وہ اہلِ سیاست جانیں
میرا پیغام محبت ہے جہاں تک پہنچے

(۱۵ نومبر ۸۲ء)
بشکریہ قومی آواز (دہلی)

روبرو

ملاقات: شبنم رومانی

سید شوکت علی شوق نگینوی جو بعد کو ترکِ شوق کر کے رفعت سروش کہلائے ۱۹۲۶ء میں نگینہ ضلع بجنور میں پیدا ہوئے پھر وقت ان کو دلّی لے گیا اور پھر بمبئی جہاں ذوالفقار علی بخاری صاحب کی جوہر شناس نظر نے ۱۹ سال کے اس نوجوان میں چھپے ہوئے ایک اچھے شاعر اور ایک عمدہ پروڈیوسر کو دیکھ لیا تھا۔ بس تب سے یعنی دسمبر ۱۹۴۵ء سے یہ آل انڈیا ریڈیو سے وابستہ ہیں۔

ابتدا میں دوسرے شعرا کی طرح انھوں نے غزل کہی، مگر جلد ہی اس سے جی اُوب گیا اور تارک الغزل ہو گئے۔ ۱۹۴۲ء سے نظمیں کہنی شروع کیں۔ پہلی نظم 'گلاب کا پھول' جو رفعت سروش کے نام سے چھپی ان کی ادبی زندگی کا ٹرننگ پوائنٹ ثابت ہوئی۔

بمبئی پہنچے تو وہاں کی فضا میں تازگی پائی۔ کھلا آسمان اور کھلا سمندر ان کے اندر سما گیا تو قلم کی وسعت ان پر اور کھلی۔ البتہ ۱۹۵۸ء میں بمبئی سے دلی پہنچے تو وہاں کا ماحول بمبئی سے ۵ سال پیچھے پایا۔ وہ اساتذہ کی دلّی تھی منشی تلوک چند محروم، پنڈت گوپی ناتھ امن، منور دہلوی، پنڈت تربھون ناتھ زار دہلوی کے اکھاڑے آباد تھے۔ طرحی مشاعرے ہوتے تھے اور شاعروں کو قافیے ردیف کی کڑی آزمائشوں سے گزرنا پڑتا تھا۔ غزل کا چرچا تھا اور مشاعروں سے مفر کی صورت نہ تھی اس لیے کبھی کبھار غزل بھی کہنی پڑتی تھی۔ سو غزلیں بھی کہیں مگر غزل ان کی گرفت میں نہیں آئی یہ غزل کی گرفت میں رہے۔ غزل میں کھل کھیلنے کا موقع نہیں ملا چاروں طرف پہرے دار کھڑے ہوں اور پولیس سیٹیاں بجا رہی ہو تو دیوار پھاندنا آسان نہیں ہوتا۔ یہ مجبور غزل کی چار دیواری میں بند رہے قافیے کی جستی اور ردیف کی درستگی میں لگے رہے کوئی کوئی نیا شعر بھی نکال لیتے تھے کیونکہ چور چوری سے

جائے ہیرا پھیری سے نہیں جاتا۔ خود کہتے ہیں کہ میں اپنی غزل کو اتنا کامیاب نہیں سمجھتا جتنا نظم کو کامیاب جانتا ہوں۔ دلّی کے قیام کے دوران سروش کا تعلق حسن عسکری اور تابش صدیقی کے حلقے سے رہا۔ کوئی ۱۹۴۳ء کی بات ہے کہ انھوں نے اپنی ایک نظم اس حلقے میں سنائی تو حسن عسکری نے کہا "میاں، سوچتے نئے طریقے سے ہو تو الفاظ بھی نئے استعمال کرو" حسن عسکری کے اس فقرے نے ان کو "قصۂ جدید و قدیم" سے آشنا کر دیا۔ تب سے لفظوں کی طرف سے چوکنّے ہو گئے۔

اب تک رفعت سروش کے کئی شعری اور نثری مجموعے شائع ہو چکے ہیں، کچھ کو ناشر میسّر آگیا، کچھ کے لیے ان کو خود ناشر بننا پڑا۔ کتاب کا تجربہ بھی بڑا تلخ ہوتا ہے۔ ناشر مصنّف کو کچھ دینے کے بجائے اس سے کچھ لے ہی مرتا ہے۔ کتاب جو چھپوائی بس یوں سمجھئے کہ لینے کے دینے پڑ جاتے ہیں۔ اس خرابی نے رفعت سروش کو پبلشر بھی بنا دیا۔ "نورنگ کتاب گھر" کے نام سے ایک ذاتی ادارہ قائم کیا اور "شاہ جہاں کا خواب" کے عنوان سے ایک "بیلے" نشر میں شائع کیا۔ یہ بیلے لکھا تو ۱۹۶۵ء میں گیا تھا اور "تاج کی کہانی" کے عنوان سے بھارتی کلا کیندر نے (جو ہندوستان کا ایک اہم ثقافتی ادارہ ہے) اس کو آگرہ میں چھ مہینے تک اسٹیج کیا تھا۔ مگر پھر انھوں نے اس بیلے کو "شاہ جہاں کا خواب" بنا کر از سرِ نو مرتب کیا۔ ٹیلی وژن کے علاوہ "پھول والوں کی سیر" کے مشہور میلے میں (جس کا ذکر غالب نے بھی کیا ہے) اس کو دوبارہ اسٹیج کیا گیا اور بہت کامیاب رہا۔ اس سے پہلے ان کا لکھا ہوا "جہاں آرا" نامی اوپرا جو ۱۹۷۰ء میں اسٹیج ہو چکا تھا اور ۱۹۷۳ء میں چھپ چکا تھا۔ اردو میں بیلے اور اوپیرا لکھنے کی روایت ہندوستان میں اس لیے قائم ہوئی کہ وہاں فلم اور ٹی وی بعد کو آئے اسٹیج پہلے سے موجود تھا۔ پاکستان میں ایسا کوئی تجربہ نہیں کیا گیا کیونکہ یہاں اسٹیج فلم اور ٹی وی کے بعد آیا بلکہ جس کو آنا کہتے ہیں اس طرح اب تک نہیں آیا۔ اردو میں بیلے یا اوپیرا یا منظوم اسٹیج ڈرامہ لکھنے کا تو غالباً کسی کو خیال تک نہیں آیا ہے۔

رفعت سروش کی تخلیقی زنبیل میں بہت مال ہے۔ بیلے، اوپیرا، انشائیے، منظوم اسٹیج ڈرامے، منظوم ریڈیو ٹی وی ڈرامے، طویل نظمیں، مختصر نظمیں، وطنی نظمیں، غیر وطنی نظمیں، رومانی نغمے، قطعات، رباعیات، غزلیں، کہانیاں، تاثراتی مضامین اور جانے کیا کیا!

رفعت سروش ۱۹۷۳ء میں ایک بین الاقوامی سیمینار میں شرکت کے لیے روس گئے تھے وہاں ماسکو لینن گراڈ اور دوشنبے کی زندگی اور مناظر سے جو تاثر قبول کیا اسے اپنی نظموں میں اس خوبصورتی سے پیش کیا کہ "سوویت لینڈ نہرو ایوارڈ" حاصل کرلیا ان کی یہ نظمیں ان کی وطنی نظموں کے مجموعے "روشنی کا سفر" میں شامل ہیں۔ رفعت سروش کے دوسرے مجموعے یہ ہیں۔ "وادیٔ گل" "ذکر اس پری وش کا"۔ "عروج آدم"، "نقشِ صدا" اور "وادیِ غزل"۔

نقوشِ رفتہ میں دلّی اور بمبئی کی کچھ یادیں۔ کچھ شخصیات پر مضامین اور کچھ قدیم شعرا کے بارے میں تاثراتی مضامین ہیں، یہ کتاب ۱۹۸۲ء کے آخر یا ۱۹۸۳ء کے شروع میں چھپ جائے گی۔ ان کے علاوہ بھی کئی مسودے اپنی اشاعت کے منتظر ہیں۔ مختصر نظمیں بہ قدر ایک مجموعہ، ادبیرا بیلے اور منظوم ڈراموں کا ایک مجموعہ، کہانیاں ایک کتاب بھر، اور نثری ڈرامے ایک مجموعہ بھر،

ہم نے کہا کہ یہ جو تمام زندگی آپ پر ریڈیو سوار رہا ہے تو آپ کی تخلیقی سرگرمیوں پر اس کا سایہ ضرور پڑتا رہا ہوگا۔

بولے کہ ہونا تو یہی چاہیے تھا مگر میں سخت جان نکلا میری مسلسل کوشش رہی کہ میری تخلیقی سرگرمیوں پر ریڈیو کا اثر کم پڑے یہی وجہ ہے کہ اتنے عرصے کام کرتے رہنے کے باوجود میں ابھی تک اپنے آپ کو تازہ دم محسوس کرتا ہوں۔

اپنی تخلیقی توانائی کو مختلف سمتوں میں تقسیم کردینا رفعت سروش کے نزدیک کوئی غیر دانشمندانہ یا غیر فطری عمل نہیں ہے، نہ ہی اس سے تخلیقی معیار پر کوئی اثر پڑتا ہے۔ ان کا کہنا ہے کہ ذات کی مختلف سمتیں اور مختلف کیفیتیں ہوتی ہیں چنانچہ ان کے تقاضوں کے مطابق مختلف پیرایوں میں ان کا اظہار کیا جاتا ہے۔

ہم نے کہا اگر کسی ایک صنف کی طرف بھرپور توجہ دی جائے تو کیا اس میں کمال حاصل کرنے کے امکانات زیادہ نہیں ہیں؟ اس پر سروش نے تسلیم کیا کہ اس طرح کسی ایک صنف میں زیادہ قوت کے ساتھ اظہار وابلاغ کیا جاسکتا ہے مگر اس کو کسی دوسری طرف رجوع کرنے میں رکاوٹ نہیں بننا چاہیے آخر لوگ چار چار بیویاں بھی رکھتے ہیں اور ان کے ساتھ منصفانہ اور مساوی سلوک کرتے ہیں۔ آخر غالب نے بھی فنِ شعر میں کمال حاصل

کرنے کے ساتھ ساتھ اعلیٰ درجے کی نثر لکھی ہے۔

ہم نے یاد دلایا کہ نیاز شاعری کو چھوڑ گئے اور مجنوں اور آل احمد سرور بھی تنقید کے حق میں شعر سے دستبردار ہو گئے وہ ایسا نہ کرتے تو نیمے دروں نیمے بروں رہتے اسی سبب فراق شاعری کے حق میں تنقید سے دستکش ہوئے اگرچہ وہ تنقید پر بھی اتنا ہی قابو رکھتے تھے۔ رفعت سروش نے اپنا دفاع اس طرح کیا کہ بھائی! نیاز اور مجنوں، سرور اور ڈاکٹر اعجاز تو ناکام شاعر اور کامیاب نقاد ثابت ہوئے آپ کے دوست ڈاکٹر قمر رئیس نے بھی شاعری سے ابتدا کی تھی، مگر شاعر پیچھے رہ گیا اور نقاد آگے نکل گیا، مگر کچھ ہمہ جہت شخصیتیں بھی ہوتی ہیں ہم نے کہا جیسے احمد ندیم قاسمی بولے ہاں اور جیسے خود مجنوں گورکھپوری جنھوں نے تنقید اور افسانے میں یکساں نام کمایا۔ ساغر کی نثر کہیں کہیں ان کی شاعری سے اچھی ہے مگر کسی نے اس کو درخور اعتنا نہیں سمجھا۔ ہم نے پوچھا کہ بھلا ساغر نے کون سی نثر لکھی ہے؟ انھوں نے بتایا کہ "ایشیا" کے اداریے۔ ہم نے کہا مگر یہ تو کوئی تخلیقی کام نہ ہوا اس پر سروش نے افسوس ظاہر کیا کہ شاعری اردو والوں پر ایسی مسلط ہے کہ اس کے علاوہ ان کو اور کوئی کام تخلیقی نظر نہیں آتا حالانکہ نثر مہذب معاشرے کی دین ہے، اور شاعری تو آپ جنگل میں بیٹھ کر بھی کر سکتے ہیں، اب جگر کو دیکھیے ان کے پاس سوائے غزل کے کچھ نہیں ہے، جگر صاحب سے پوچھا گیا کہ فیض کے بارے میں کیا رائے ہے تو انھوں نے کہا کہ فیض کی غزل اچھی ہے مگر اس میں بے شمار اغلاط ہیں ایک بار میں نے سجاد ظہیر سے کہا تھا کہ فیض نے غزل کی طرف توجہ کر کے اردو شاعری کو دس سال پیچھے دھکیل دیا ہے اردو شاعری بمشکل غزل کے تنگنائے سے نکلی تھی اور نئی قسم کی نظمیں اور داخلی قسم کی شاعری پنپ رہی تھی کہ ایسے ماحول میں غزل پھر لوٹ آئی اور غزل بھی ایسے شاعر کی جو ہے اس نے نظم کی رفتار کو دھیما کر دیا۔

ہم نے کہا مگر یہ غزل کا جادو ہے جو سر چڑھ کر بول رہا ہے۔" رفعت سروش بولے کہ بھئی موجودہ غزل میں رطب و یابس بہت ہے۔ نئی ردیفوں اور نئی زمینوں پر زیادہ زور ہے غزل کے اس سیلاب میں کچھ غزلیں ایسی بھی مل جاتی ہیں جن میں ایک تازگی اور ایک توانائی ہے لیکن یہ سیلاب نہ آتا تو نظم زیادہ تیزی سے اپنا سفر طے کر سکتی تھی۔ حد تو یہ ہے کہ ہمارے ہاں نظم کے جو اچھے شعرا ہیں وہ بھی غزل کہنے لگے ہیں، مثلاً علی سردار

جعفری اور کیفی اعظمی، حالانکہ کیفی کا غزل سے دور کا تعلق ہے ان میں اختر الایمان مستثنیٰ ہے جس نے کسی قیمت پر غزل نہیں کہی

میں نے بھی ریڈیو کے لیے یا طرحی مشاعروں کے لیے کبھی کبھی غزل کہی ہے مگر ایسی غزلیں کم ہیں جنہیں میں نے اپنا سمجھا ہو. بنیادی طور پر میرا تعلق نظم سے ہی رہا ہے، نظم ہی میری بہترین نمائندگی کرتی ہے. میری غزل روایت کی طرف زیادہ جھکی ہوتی ہے، تو اس کا سبب یہ ہے کہ میں غزل کے بارے میں کبھی سنجیدہ نہیں ہوا۔

ہم نے پوچھا پاکستانی غزل کے بارے میں کیا رائے ہے؟

سروش نے کہا کہ پاکستان میں نئی عمر کے لوگ جو غزل کہہ رہے ہیں اس میں بڑی تازگی اور توانائی ہے، ہر چند کہ اس کی تہ میں ایک خاص طرح کی شکایت، ایک ناآسودگی، ایک بے اطمینانی اور ایک بے تعلقی ملتی ہے، مگر ان کی غزل سن کر میں نے رشک محسوس کیا ہے. ہم لوگ اب تک روایت سے پلٹے ہوئے ہیں اور کوشش کے باوجود اس قسم کی غزل نہیں کہہ رہے ہیں. اس کی وجہ ایک تو روایت پسند معاشرہ ہے، دوسرا مشاعرہ ہے. مشاعرہ اردو غزل میں نئے اسلوب اور نئے آہنگ کی راہ میں رکاوٹ ہے، بس لوگ جمع ہو جاتے ہیں، ایسے لوگ جو اردو نہیں جانتے شاعری کی الف بے نہیں جانتے، اردو شاعری کی روایت سے قطعاً ناواقف ہوتے ہیں، چھوٹے چھوٹے قصبوں اور دیہاتوں میں بھی مشاعرے ہوتے ہیں، جہاں ترنم مقبول ہے اور فلموں جیسی غزلیں زیادہ چلتی ہیں. نتیجہ یہ کہ شعرا نچلی سطح پر اتر کر شعر کہتے ہیں کہ آخر داد تو لینی ہی ہے۔ مشاعرے میں کامیاب تو ہونا ہی ہے. مشاعرے کی کامیابی روزگار تک سے بے نیاز کر دیتی ہے. پچاس ساٹھ ایسے موٹے موٹے نام ہیں، جن کا ذریعۂ معاش صرف مشاعرہ ہے. اس طرح کچھ رسائل بھی ہیں جو ادب کے ارتقا کی راہ میں رکاوٹ بنے ہوئے ہیں، کیونکہ لوگ سوچتے ہیں کہ فلاں رسالے میں غزل چھپوانی ہے تو اس کے مزاج کے مطابق غزل کہنی چاہیے.

ہم نے کہا پھر تو مشاعرہ بڑا ظالم ہے؟

رفعت نے جلدی سے کہا نہیں، مشاعرہ بے چارہ بڑا مظلوم ہے۔ ۳۹-۱۹۳۸ء تک تو مشاعرہ خالص رہا پھر نخاس ہو گیا. طرح طرح کے مقاصد کا آلۂ کار ہوتا گیا. درفرنٹ

کے مشاعروں سے خرابی شروع ہوئی، جس میں شعرا کو معاوضہ دے کر اپنے مطلب کی چیزیں لکھوائی اور پڑھوائی جاتی تھیں۔ پھر انقلاب کی تحریکوں اور جنگِ آزادی نے مشاعرے کو استعمال کیا ہر کوئی شاعر اپنے مقاصد کے لیے استعمال کرتا رہا۔ وہ اپنے لیے کم اور دوسروں کے لیے زیادہ لکھنے لگا آزادی کے بعد سیاسی جماعتوں نے اس کو رگید اپھر تعمیری شاعروں کا دور شروع ہوا اب صورت حال یہ ہے کہ قوالوں کو نہ بلایا مشاعرہ کرلیا۔ اس صورتِ حال میں متشاعر (منجملہ شاعرات کے جن میں سے اکثر ار دو لکھ بھی نہیں سکتیں) بہت پیدا ہو گئے۔

ہم نے کہا جناب! آپ کے ہاں اب تک نفاست کیوں غالب ہے جب کہ آج کل کھردرا پن رائج الوقت ہے؟

بات کھردرے پن کی چھڑی تو رفعت سروش نے جھنجلا کر کہا کہ شعر میں بات تاثیر کی ہوتی ہے اچھا شاعر کھردرے لفظوں میں بھی ایک حسن ایک رعنائی پیدا کر دیتا ہے نظیر اکبر آبادی اور جوش کے ہاں بھی کھردرے لفظوں کی کمی نہیں ہے مگر ان کی مہارت نے ان لفظوں کی غرابت کا احساس تک نہیں ہونے دیا جوش کہتا ہے ؎

ایک نوچ کھسوٹ ہے خوشی کے باہم
انسان کو جینا ہی نہ آیا اب تک

دیکھیے جوش نے نوچ کھسوٹ کو کس طرح جزوِ شاعری بنا دیا ہے۔ تو اصل معاملہ تاثیر کا ہے۔ میں نے ابتدا مصوری سے کی تھی، میں مصور تھا، پھر شاعری کی طرف آیا تو لفظوں سے تصویر کشی کرنے لگا۔ میری ایسی کتنی ہی نظمیں ہیں جن میں کھردرے لفظ پُر تاثیر بن گئے ہیں۔ جہاں تک علامت نگاری کا تعلق ہے تو اس کو ابلاغ میں رکاوٹ نہیں بننا چاہیے۔ بلکہ آسانی پیدا کرنا چاہیے علامت کی جڑیں تو زمین میں ہوتی ہیں اور یہ کلچر سے پھوٹتی ہے سو اس میں زمین کی بو اور کلچر کی خو ہونا شرطِ اوّل ہے۔ علامت کو زندگی سے ہم رشتہ ہونا چاہیے اس زندگی سے جو ہم گزار رہے ہیں۔ مشکل یہ ہے ہمارے ناقدین پڑھتے کم اور باتیں زیادہ کرتے ہیں۔ کہیں سے اصول لے آتے ہیں اور انھیں دہراتے رہتے ہیں۔ ناقدین کا فرض ہے کہ پہلے ہم عصر ادب کو توجہ اور ترتیب کے ساتھ پڑھیں پھر اس کے بارے میں کچھ لکھیں ترقی پسند تحریک کے نقادوں کو بھی صرف چند نام ازبر تھے اور

وہی دس پانچ نظمیں تھیں، جن کو حوالے کے طور پر دہراتے رہتے تھے۔ یہی کچھ جدید لوگ کر رہے ہیں مگر ترقی پسند تحریک نے شاعروں اور افسانہ نگاروں کی جو کہکشاں پیدا کی تھی وہ اب تک ادبی فضا کو چمکائے ہوئے ہے ویسی گیلیکسی ابھی جدیدیت پیدا کرنے سے قاصر ہے اس قد و قامت کے لوگ اب نظر نہیں آ رہے تو اس کی وجہ یہ نہیں ہے کہ اردو ادب پذیرائی سے یا قاری سے محروم ہو گیا ہے۔ ویسے ہمارے ہاں اس وقت اردو میں بڑے پیمانے پر کام ہو رہا ہے۔ کشمیر میں، دلی میں، پٹنہ میں، لکھنؤ میں، کلکتہ میں، بھوپال میں، بمبئی میں، حیدرآباد اور بنگلور میں ہر جگہ اردو اکیڈمیاں قائم ہیں مرکزی ترقی اردو بورڈ اور نیشنل بک ٹرسٹ نے بڑا کام کیا ہے۔ غیر ادبی موضوعات پر بھی کام ہو رہا ہے، مثلاً طب، کیمیا سائنس وغیرہ پر کتابیں چھپ رہی ہیں یونیورسٹیوں میں تحقیق کا بہت کام ہو رہا ہے۔ مردہ پرستی کی روایت بھی ختم ہو رہی ہے۔ کرشن چندر پر ان کی زندگی میں تحقیقی مقالہ لکھا گیا۔ بیدی پر تحقیق ہو چکی ہے۔ کیفی اعظمی، غلام ربانی تاباں اور صالحہ عابد حسین بھی بعض تحقیقی مقالات کا موضوع ہیں۔ کچھ یوں بھی ہے کہ تحقیق ایک مجبوری بن گئی ہے۔ یونیورسٹیوں میں لیکچررشپ کے لیے تحقیق کی شرط عائد کر دی گئی، اس لیے ایک قسم کا جذبہ مسابقت پیدا ہو گیا ہے۔

اردو کی مقبولیت کا اندازہ اس سے بھی کیا جا سکتا ہے کہ پچھلے تین چار برسوں میں ہمارے ریڈیو پر اردو پروگرام بہت بڑھ گئے ہیں۔ ہمارے ہاں آٹھ نو گھنٹہ کی اردو سروس ہوتی ہے۔ روزانہ آدھ گھنٹے کی اردو مجلس ہوتی ہے۔ اس کے علاوہ لکھنؤ، رامپور، نجیب آباد، کلکتہ، بنگلور، اورنگ آباد، بمبئی، احمد آباد، اندور، حیدرآباد، پٹنہ اور بہت سی جگہوں سے اردو پروگرام ہوتے ہیں۔ اس کا نتیجہ یہ ہوا ہے کہ ہندی کوی سمیلن میں بھی دس گیت ہوتے ہیں تو دس غزلیں ہوتی ہیں، یعنی ہندی میں بھی اردو کی طرز پر دھڑا دھڑ غزلیں لکھی جا رہی ہیں یہ اردو کا جادو ہے جو سر چڑھ کر بول رہا ہے۔

بہ شکریہ مشرق (کراچی)

۲۶ نومبر ۱۹۸۲ء

کچھ دیر رفعت سروش کے ساتھ

ملاقاتی: سعادت سعید، حسن رضوی اور قتیل شفائی

رفعت سروش بھارت کے معروف شاعر ہیں نگینہ (ضلع بجنور) ۱۹۲۶ء میں پیدا ہوئے۔ آل انڈیا ریڈیو میں پروڈیوسر اردو مجلس کے فرائض سر انجام دے رہے ہیں ۱۹۷۲ء میں انھیں سویٹ لینڈ نہرو ایوارڈ بھی ملا ہے۔ وہ میر اکیڈمی لکھنؤ کا ایوارڈ حاصل کرنے کے ساتھ ساتھ اردو اکیڈمی یوپی کے چار انعام بھی حاصل کر چکے ہیں۔ وادیٔ گل، ذکر اس پری وش کا، عروج آدم، جہاں آرا، روشنی کا سفر اور شاہ جہاں کا خواب' کے ناموں سے ان کے کئی مجموعے منظر عام پر آچکے ہیں۔ ان مجموعوں میں وہ غزل گو اور نظم نگار کی حیثیت سے سامنے آئے ہیں۔ قطعات، نغمے، تمثیلی نظمیں، اور اوپیرا لکھنے میں بھی انھیں بڑی مہارت حاصل ہے۔ وہ اپنے مخصوص ترقی پسندانہ نظریات کی بدولت اپنا ایک منفرد مقام بنا چکے ہیں۔

سعادت سعید: سروش صاحب اپنے شعری اثاثے کے بارے میں کچھ ارشاد فرمائیے تاکہ پاکستانی قارئین آپ کی تخلیقات سے آگاہ ہو سکیں۔

رفعت سروش: میں بنیادی طور پر ایک شاعر ہوں، میں نے نظمیں بھی لکھی ہیں اور غزلیں بھی، آزاد نظمیں بھی لکھی ہیں اور منظوم تمثیلیں بھی۔ میری نظموں میں بہت سے کرداروں کا بھی مطالعہ ہے جنھیں پروفیسر شکیل الرحمٰن نے رومانی کردار کہا ہے اور یہ بھی لکھا ہے کہ میں نے ان کے ذریعے تہذیبی اور معاشرتی سچائیوں کو عوامی احساس اور جذبے سے قریب تر کیا ہے۔

سعادت سعید: آپ نے چند ڈرامائی نظمیں بھی تخلیق کی ہیں۔ ایسی نظمیں لکھتے ہوئے آپ کے پیش نظر کیا نظریہ تھا۔

رفعت سروش: میں ان کے حوالے سے انسان اور زندگی کا مطالعہ کرنا چاہتا تھا اس میں کس حد تک کامیاب ہوا ہوں اس کا اختیار قاری کے پاس ہے۔

سعادت سعید: آپ کی شاعری کے مطالعے سے اندازہ ہوتا ہے کہ آپ نے اپنے لیے براہِ راست اظہار کو روا رکھا ہے اس کی کوئی خاص وجہ تھی؟

رفعت سروش: شاعری اور ادب بنیادی طور پر سماج سے مربوط ہیں میں نے زندگی کے جن تجربات سے استفادہ کیا ہے میری تمنا تھی کہ وہ قارئین تک پہنچ جائیں اس لیے میں نے زیادہ تر براہِ راست اظہار کے وطیرے کو مناسب جانا۔

قتیل شفائی: کچھ ترقی پسند نقاد آپ کو ترقی پسند کہتے ہیں اور کچھ آپکی اس حیثیت سے انکار کرتے ہیں آپ اس کے بارے میں کیا کہتے ہیں۔

رفعت سروش: بھارت میں ترقی پسند تحریک بہت سے حلقوں میں منقسم ہے۔ میں نے اپنے طور پر یہی کوشش کی ہے کہ سماجی مسائل، انسانی تجربات اور تہذیبی اور تمدنی میلانات کو نئے زمانے کے تقاضوں کے حوالے سے شاعری میں پیش کیا جائے۔ اگر کچھ ترقی پسند نقاد مجھے اپنی صفوں میں شریک نہیں کرنا چاہتے تو اس میں میرا قصور صرف اتنا ہے کہ میں ان کی گروہ بندیوں میں شامل ہونے سے منکر رہا ہوں اور ساتھ ہی ساتھ میں نے ان کی مفاد پرستانہ ذہنیتوں کا کچا چٹھا بھی کھولا ہے اس وجہ سے وہ مجھ سے ناراض ہیں۔

حسن رضوی: آپ حلقہ اربابِ ذوق اور ترقی پسند تحریک سے وابستہ رہے ہیں آپ نے ترقی پسند تحریک سے کنارہ کشی کیوں اختیار کی؟

رفعت سروش: ادیب تحریک سے نہیں اپنی تخلیقات سے پہچانا جاتا ہے۔ میں حلقۂ اربابِ ذوق کے دانشوروں کے زیرِ اثر بھی رہا ہوں اور ترقی پسندوں کے زیرِ اثر بھی۔ میرا تعلق اردو ادیبوں کی جس نسل سے ہے اس پر بہت سے ملکی اور غیر ملکی مکاتیبِ فکر کی چھاپ ہے۔ میری ابتدائی تربیت میں ہمایوں، نیرنگِ خیال اور عالمگیر جیسے رسالوں میں چھپنے والی تحریروں کا عمل دخل ہے۔ ۱۹۴۳ء میں جب میری نظم 'گلاب کے پھول' شائع ہوئی تو اس کے توسط سے بھی تبادلۂ خیال کا موقع ملا۔ اسی زمانے میں اختر الایمان سے بھی تبادلۂ خیال کا موقع ملا اور بہت سے ادیبوں اور دانشوروں سے میری قلمی دوستی بھی رہی۔ حسن عسکری سے ملاقات کا موقع ملا۔ میرے مجموعے'' وادیٔ گل'' کی نظموں

پر راشد اور اختر الایمان کا اثر نمایاں ہے۔ خواجہ محمد شفیع، شاہد احمد دہلوی، تابش دہلوی، مجاز، جذبی، خورشید الاسلام وغیرہ کی صحبتوں میں بھی بیٹھنے کا اتفاق ہوا۔ جمیل الدین عالی اور ملک نسیم الظفر جدید ذہن کے لوگ تھے ان کے بھی اثرات قبول کیے۔ ۱۹۴۵ء میں ڈاکٹر اشرف کی مجالس میں پہنچا۔ اس گروپ سے وابستگی کی وجہ سے میں ترقی پسند کہلایا۔ میں سو فی صد ترقی پسند تحریک کا شاعر نہیں رہا ہوں۔ سردار جعفری سے میرے کھلے اختلافات ہیں انھوں نے اسی وجہ سے میرا تذکرہ اپنی کتاب میں نہیں کیا۔

قتیل شفائی: اس کا مطلب یہ ہے کہ آپ کو ترقی پسند منشور سے اختلاف نہیں تھا گروپ سے اختلاف تھا؟

رفعت سروش: مجھے منشور سے کوئی اختلاف نہیں ہے البتہ ترقی پسند دانش وروں کے رویّوں سے اختلاف ہے۔ وہ خود تو ہر جیسی کام کر لیتے ہیں لیکن دوسروں کو یہ گنجائش بھی نہیں دیتے کہ وہ حق گوئی اور بے باکی سے ان کے رویّوں پر تنقید کر سکیں۔

سعادت سعید: گوپال متل نے ترقی پسند تحریک کے خلاف بہت کچھ لکھا ہے کیا آپ بھی اپنے اختلافات تحریری صورت میں منتقل کیے ہیں۔

رفعت سروش: میں نے ایسی کوئی تحریر نہیں لکھی، گوپال متل سے مجھے اتفاق نہیں ہے وہ مخصوص مقاصد اور مفادات کے تابع ہو کر ترقی پسندوں کے خلاف صف آرا ہیں۔ وہ سیاسی نظریے سے زیادہ اکھاڑے کے آدمی ہیں۔

حسن رضوی: تحریک کوئی بھی ہو اس سے وابستہ ہو کر شاعر یا ادیب اپنا قد اونچا کر سکتا ہے آپ کی کیا رائے ہے۔

رفعت سروش: ہمارے ہاں دو طرح کے لوگ ہیں جنھوں نے اپنی گرتی ہوئی دیوارِ شہرت کو اپنے مختلف اعمال سے سنبھالا دیا۔ سردار جعفری نے نقاد بن کر اپنی شعری حیثیت منوانی چاہی اور دوسری طرح کے لوگوں میں مجروح سلطان پوری وغیرہ نے اپنی فلمی کیریر کو اپنی ادبی ساکھ کے لیے استعمال کیا۔ شاعر کا قد تو اس کی شعری صلاحیتوں کے وسیلے ہی سے اونچا ہوتا ہے۔ ادبی تحریکیں اسے کب تک سہارا دے سکتی ہیں۔

حسن رضوی: مجروح سلطان پوری نے اپنے آپ کو فیض سے بڑا شاعر قرار دیا ہے آپ کا کیا نقطہ نظر ہے۔

رفعت سروش: مجروح سلطان پوری فیض سے تو کم تر درجے کے شاعر ہیں۔ فیض کی شاعری میں معانی کی کئی سطحیں موجود ہیں ان کا جمالیاتی اور فنی ذوق بھی انتہائی بلند ہے۔

حسن رضوی: بھارت میں مشاعروں کی صورت حال کے بارے میں کچھ فرمایئے۔

رفعت سروش: وہی صورت حال ہے جو پاکستان میں ہے۔ چند شاعر جو ترنم سے پڑھتے ہیں صرف انھیں غور سے سنا جاتا ہے۔ عوام کے لیے مشاعرے تفریح کا ذریعہ ہیں۔ آج قدیم عہد کے سنجیدہ مشاعروں کی یاد باقی رہ گئی ہے مشاعرے کمرشل ہوگئے ہیں اب وہ لوگ بھی مشاعرے ترتیب دے رہے ہیں جو اردو زبان سے واقف نہیں ہیں۔ ایسے مشاعروں میں سننے والے بھی اردو زبان سے زیادہ آگاہی نہیں رکھتے۔

حسن رضوی: آپ ریڈیو سے وابستہ ہیں پاکستان ریڈیو کے پروگرام بھی سنتے ہوں گے۔ یہاں کے ادبی پروگراموں کے بارے میں آپ کی کیا سوچ ہے۔

رفعت سروش: مجھے یہ پروگرام سننے کا موقع نہیں ملا اس لیے کہ ریڈیو کا ملازم گھر میں ریڈیو سننا پسند نہیں کرتا۔ ویسے لاہور شہر اردو کی ترویج واشاعت کا شروع ہی سے مرکز رہا ہے۔ ہر دور میں یہاں اچھے ادیبوں کا ایک بڑا گروپ متحرک رہا ہے۔ پہلے پطرس، فیض، ندیم، صوفی غلام مصطفیٰ تبسم، محمد دین تاثیر کی علمی ادبی سرگرمیوں کی وجہ سے اس شہر کی آواز دور دور تک سنی گئی۔ دوسرے دور میں قتیل، ناصر کاظمی وغیرہ رجحان ساز شخصیات کے بطور سامنے آئے ہیں ہمارے ہاں مدراس اور راجستھان کے دور دراز علاقوں کے ادیب کم پہچانے جاتے ہیں اور پاکستانی ادیب زیادہ۔ ہم پاکستانی ادب کے رجحانات کی نقل نہیں کرتے ہمارا اپنا آب ورنگ ہے میرے نزدیک ایک دوسرے سے متاثر ہونا کوئی بری بات نہیں ہے۔

سعادت سعید: بھارت کے کن نئے نقادوں سے آپ متاثر ہوئے ہیں۔

رفعت سروش: شمس الرحمان فاروقی، ڈاکٹر گوپی چند نارنگ، قمر رئیس وغیرہ۔ ہمارا ادب

ایسے تنقید نگاروں کا شکار رہا جنھوں نے ادب پر پردہ ڈالا ہے نئے نقادوں کو چاہیے کہ وہ ادب کا از سرِ نو تجزیہ کر کے نئے شعور کو سامنے لائیں۔

سعادت سعید : بھارت میں اردو نظم کے چند نئے نام بھی عطا کیجیے جنھوں نے اپنے لیے الگ راہیں نکالی ہیں۔

رفعت سروش : کمار پاشی، مخمور سعیدی، بلراج کومل، قاضی سلیم مجموعی طور پر صنف نظم شعرا کی توجہ کا مرکز نہیں ہے۔

سعادت سعید : اس کی کوئی خاص وجہ ؟

رفعت سروش : نیا غزل گو شاعر سمجھتا ہے کہ اپنے عہد کے خلفشار، ذہنی رجحانات، سماجی انتشار اور اخلاقی زوال کی حکایت غزل کی تنگنائے میں بہتر طور پر بیان ہو سکتی ہے۔ بھارت میں غزل نے اپنا جادو اس طرح جگایا کہ جدید نظم کی کوکھ سے منفرد اور ممیز غزل پیدا ہوئی۔

قتیل شفائی : آج کل بھارت اور پاکستان میں نثری نظم کی تحریکوں نے بھی تو سر اٹھایا ہے۔

رفعت سروش : میں نثری نظم کو نظم کہنے کے لیے تیار نہیں۔

سعادت سعید : بحر میں لکھی گئی ہر چیز کو آپ شاعری مان لیتے ہیں۔

رفعت سروش : ایسی بات نہیں شاعری کے اور بھی بہت سے تقاضے ہیں۔

سعادت سعید : آپ اپنے پسندیدہ افسانہ نگاروں کا ذکر بھی تو کرنا چاہیں گے۔

رفعت سروش : فنکشن پڑھنے کے لیے فرصت چاہیے میں نے جدید افسانے کم پڑھے ہیں۔ انور عظیم، سریندر پرکاش، بلراج مینرا وغیرہ کے افسانے زیادہ پسند نہیں ہیں۔ کوئی بھی ادب جو معانی سے عاری ہو میرے لیے پسندیدہ نہیں ہے۔

سعادت سعید : ابلاغ تو شعور کی سطحوں کے مطابق ہی ہوا کرتا ہے۔

رفعت سروش : جس نظم یا تخلیق کے معانی بتلانے کے لیے ترکیب نسخہ کی ضرورت پڑے میں اسے پسند نہیں کرتا۔

قتیل شفائی : بھارت میں عوام کی زبان ہندی ہے اردو سکرپٹ جاننے والے خال خال ہیں۔ کچھ اردو ادیبوں نے دیوناگری رسم الخط کی حمایت کی تھی آپ کے خیال میں کیا اس سے اردو کی حیثیت کو ضعف نہیں پہنچے گا۔

رفعت سروش: اس تجویز کا وہاں کے اردو کے حلقوں نے استقبال نہیں کیا۔ ذاتی مفادات کے حوالے سے کچھ ادیبوں نے دیوناگری رسم الخط کے مسئلے کو خاصا ابھارا تھا مگر یہ بہت عرصہ پہلے کی بات ہے۔ میں ذاتی طور پر اردو کو اس کے مروجہ رسم الخط ہی میں لکھنا پسند کرتا ہوں۔

قتیل شفائی: وہاں اردو اکیڈمیوں کے پاس فنڈز تو بہت ہوتے ہیں، لیکن انھیں اردو سکرپٹ رائج کرنے سے کوئی دلچسپی نہیں لگتی۔

رفعت سروش: اکیڈمیوں کا کتابیں چھاپنے اور انعام دینے والا کام تو سامنے آجاتا ہے دوسرے کام پوشیدہ رہتے ہیں میں خود دلی اردو اکیڈمی کا ممبر ہوں، ہم اردو کے مسائل پر سیمینار بھی کرواتے ہیں اور اساتذہ کی تعداد میں اضافے کے مطالبات بھی کرتے ہیں اور اردو پڑھنے والوں کو وظائف بھی دیتے ہیں۔

قتیل شفائی: یوں اردو سکرپٹ پڑھنے والوں کی تعداد بھی تو بڑھی ہوگی۔

رفعت سروش: جی ہاں، جوں جوں مراعات مل رہی ہیں تعداد بڑھ رہی ہے۔ ذرائع ابلاغ میں بھی اردو پروگراموں کی تعداد میں اضافہ ہو رہا ہے۔

حسن رضوی: ان دنوں ہندو پاک کے باہمی روابط کا مسئلہ بھی زیر بحث ہے یہ تو فرمایئے کہ دونوں ملکوں کے ادیبوں میں کس قسم کے روابط ہونے چاہئیں۔

رفعت سروش: ہمیں اپنی علمی اور ثقافتی سرگرمیوں کے حوالے سے ایک دوسرے سے مربوط رہنا ہے۔ کتابوں، رسالوں اور ادیبوں کا ایک دوسرے تک پہنچنا اس ضمن میں اہم قدم ہوگا۔

سعادت سعید: سروش صاحب آپ نے اپنے کلام میں جدید ترین ادبی رجحانات کو دانستہ گھسنے نہیں دیا یا اس کی کوئی اور وجہ تھی۔

رفعت سروش: میں ترقی پسند تحریک سے متاثر تھا مگر اس کے تیز تر لہجے اور نعرہ بازی مجھے کبھی اپنی جانب مائل نہ کر سکے۔ میں نے کلاسیکی شاعری سے اپنا رشتہ توڑنے کی کوشش نہیں کی۔ روایتی علامتوں اور استعاروں کو نئے معانی میں استعمال کرنے کی جسارت کی ہے اسے آپ کچھ بھی کہہ لیجیے میرے لیے تو یہی جدید ترین ادبی رجحان تھا میری شاعری میں کلاسیکی اور روایتی آہنگ کا بڑا حصہ رہا ہے اور میرے لیے تغزل سے دامن بچانا شعری جمالیات سے دامن بچانا ہے۔

سعادت سعید: رفعت سروش صاحب آپ کا بہت بہت شکریہ آپ نے اپنی شاعری اور مجموعی ادبی منظر نامے کے حوالے سے معلومات افروز باتیں ہمارے قارئین تک پہنچائیں۔ (بشکریہ جنگ، کراچی، ۱۴ فروری ۹۳ء)

سلیمان اطہر جاوید
کے تحریر کردہ خاکے

چہرہ چہرہ داستان

(بین الاقوامی ایڈیشن)
منظر عام پر آ چکا ہے